FELIX CH. HEY

Direktmarketing und Persönlichkeitsschutz im Rahmen der Geschäftsverbindung von Bank und Kunden

Schriften zum Recht des Informationsverkehrs und der Informationstechnik

Herausgegeben von Prof. Dr. Horst Ehmann und Prof. Dr. Rainer Pitschas

---

Band 8

Direktmarketing und Persönlichkeitsschutz im Rahmen der Geschäftsverbindung von Bank und Kunden

Von

Felix Ch. Hey

Duncker & Humblot · Berlin

Die Deutsche Bibliothek – CIP-Einheitsaufnahme

Hey, Felix Ch.:
Direktmarketing und Persönlichkeitsschutz im Rahmen der Geschäftsverbindung von Bank und Kunden / von Felix Ch. Hey. – Berlin : Duncker und Humblot, 1994
(Schriften zum Recht des Informationsverkehrs und der Informationstechnik; Bd. 8)
Zugl.: München, Univ., Diss., 1991
ISBN 3-428-07853-5
NE: GT

Fotoprint: Werner Hildebrand, Berlin
Printed in Germany

ISSN 0940-1172
ISBN 3-428-07853-5

Meinen Eltern

Vorwort

Unter dem Stichwort "Allfinanz" bewegen sich Banken und Versicherungen in den letzten Jahren aufeinander zu. Diese Annäherung betrifft sowohl die angebotenen Dienstleistungen als auch das Geschäftsgebaren.

Die vorliegende Arbeit untersucht Möglichkeiten und Grenzen des Direktmarketings der Banken. Dabei soll das Augenmerk allerdings nicht nur auf die Anbahnung der Geschäftsabschlüsse, sondern darüber hinaus auf die Folgen solchermaßen erzielter Geschäfte gerichtet werden; ein Aspekt, der auch in der Bankpraxis bisweilen zu kurz kommt: ist doch mit dem bloßen Abschluß das Geschäft mit dem Kunden noch keineswegs vollständig abgewickelt. Eine Rückkoppelung dahingehend, wieviele Aquisitionen in der Abwicklung ernste Probleme aufwerfen, fehlt weitgehend.

Die Arbeit wurde im Wintersemester 1990/91 der juristischen Fakultät der Ludwig-Maximilians-Universität München als Dissertation vorgelegt. Bedingt durch einige Gesetzesänderungen erfuhr sie einige Umarbeitungen. Rechtsprechung und Schrifttum sind bis zum 31.12.1992, teilweise auch darüber hinaus, berücksichtigt.

Meinem Doktorvater, Herrn Professor Dr. Dres.h.c. Claus-Wilhelm Canaris, danke ich herzlich für die umfassende und geduldige Förderung, die ich von ihm erfahren habe.

München, im Juli 1993

Felix Christopher Hey

Inhaltsverzeichnis

Teil 1

Einleitung

Teil 2

Einzelbetrachtung von Werbemaßnahmen der Kreditinstitute

Teil 3

Einordnung der Einzelvorschriften zur Briefkasten-, Telefon-, Haustür- und Btx-Werbung in die Geschäftsbeziehung zwischen Bank und Kunde

Teil 4

Schadensersatzansprüche des Kunden bei nachteiligen Geschäftsabschlüssen infolge unzulässiger Werbemaßnahmen

Teil 1

Einleitung

I. Einführung in die Thematik

In einem Brief an eine Freundin schreibt Wilhelm von Humboldt am 7. September 1830: "Jede Störung meiner Einsamkeit, jeder auch nur Stunden dauernde Besuch ist mir höchst unangenehm." Insbesondere im Bereich der Werbung hat die Entwicklung seitdem gezeigt, daß sich solche "höchst unangenehmen Störungen" des Einzelnen in einem freiheitlich verfaßten Wirtschaftssystem nicht ohne weiteres vermeiden lassen. Sie werden nachgerade zur Methode, wenn man die Möglichkeiten des Direktmarketings, insbesondere des Direktvertriebs und der Direktwerbung betrachtet. Unter diesen Begriffen faßt die Betriebswirtschaftslehre Formen der Werbung und des Absatzes zusammen, bei denen der Anbieter von Waren und Dienstleistungen unmittelbar und ohne Zwischenschaltung von Händlern und Vermittlern mit seinen Kunden in individuellen, direkten Kontakt tritt, wie dies bei Geschäftsabschlüssen am Telefon und anläßlich von Hausbesuchen geschieht, bzw. bei denen er eine Werbebotschaft direkt und nicht mit Hilfe eines anderen Mediums übermittelt, so etwa über Briefsendungen, Telefon und Bildschirmtext[1]. Wie die Werbung insgesamt ist auch das Direktmarketing eine Ausprägung des Handelns im freien Wettbewerb; die Umworbenen haben daher prinzipiell die hieraus entstehenden Belästigungen hinzunehmen. Die Besonderheit des Direktmarketings liegt freilich darin, daß mit den durch diesen Begriff umschriebenen Werbemethoden Eingriffe in die Privatsphäre des Individuums verbunden sind, die bei Werbung üblichen Zuschnitts nicht eintreten. Angesichts der zunehmenden Tendenz, den Schutz der Persönlichkeit und der Privatsphäre des einzelnen zu stärken[2], unterwerfen Gesetzgebung und Judikatur diese Formen der Werbung verschiedenartigen Beschränkungen. Die dabei einschlägigen Vorschriften sind jedoch überaus zahlreich und finden sich in den unterschiedlichsten Rechtsmaterien. Über die in der Rechtsanwendung

---

[1] vgl.etwa, mit Unterschieden im Detail, Dallmer, S.4f., Scheuch, S.414f., Tietz, B. in: Vahlens großes Wirtschaftslexikon, München 1987, S.403, Gerardi in: Marketing-Enzyklopädie, Bd.I, München 1974, S.403

[2] vgl.BVerfGE 54, 148, 153, Hefermehl GRUR 1980, 622, 626

damit verbundenen Probleme hinaus entstehen besondere Schwierigkeiten, wenn sich die Werbung nicht an einen mehr oder minder undifferenzierten Kreis Umworbener richtet, sondern zwischen Werbendem und Betroffenem bereits zuvor geschäftliche Kontakte bestanden haben; die Eigenarten derartiger Sonderbeziehungen müssen etwa durch die Anwendung von Ausnahmetatbeständen berücksichtigt werden. Ein gutes Beispiel einer solchen Beziehung, die sich nicht auf zufällige, einmalige Kontakte beschränkt, stellt in der Praxis das Verhältnis zwischen Bank und Kunde dar. Unter Berücksichtigung dieser Beziehung sollen im folgenden die Rahmenbedingungen der Werbung allgemein und insbesondere der Schutz der Persönlichkeit des Umworbenen im Bereich der Kreditwirtschaft untersucht werden. Über die bereits erwähnten Besonderheiten hinaus verdient die Werbung durch Kreditinstitute auch deshalb Interesse, weil diese sich noch mehr als andere Branchen bei der Inanspruchnahme neuer Methoden des Direktmarketings einer nur schwer überschaubaren Anzahl von Einzelnormen gegenübersehen, die die Zulässigkeit von Werbung im Bankenbereich beschränken. Dies wiederum legt den kritischen Vergleich zur Rechtslage bei konkurrierenden Gewerbezweigen wie etwa der Versicherungswirtschaft nahe. Schließlich können sich bei der Anwendung der Schutzvorschriften auf Bankgeschäfte eigenartige Probleme auf der Rechtsfolgeseite ergeben.

II. Gründe einer intensiveren Werbung im Bereich der Kreditwirtschaft

Die Motive für die Anwendung von Werbung im allgemeinen und des Direktmarketings im besonderen sind naturgemäß vielfältig. Die Banken haben insgesamt erst später als andere Branchen dem Marketing eine höhere Bedeutung zugemessen. Für die Tatsache, daß auch die Kreditinstitute in jüngerer Zeit verschiedenste Formen der Werbung und des Direktmarketings in ihr absatzpolitisches Instrumentarium einbezogen und ein distanzierteres Verhalten gegenüber ihren Kunden aufgegeben haben, dem noch die Vorstellung zugrunde lag, daß die Initiative im Bankgeschäft überwiegend vom Kunden ausgeht[3], lassen sich allerdings Gründe aufzeigen. Sie finden sich generell in der im Laufe der letzten Jahre in bemerkenswertem Umfang gewachsenen Konkurrenz in den Bereichen der Finanzierung und der Kapitalanlage im Privatkundengeschäft der Kreditinstitute[4]. Eine intensivere Konkurrenzsituation besteht dabei sowohl zwischen den Banken und Sparkassen untereinander, als auch gegenüber den Versicherungsunternehmen, Kreditkartengesellschaften,

---

[3] Cramer, Jörg in: Bruhn, S.749

[4] vgl.allgemein zur erhöhten Konkurrenz Betsch, S.1ff., Dallmer/Greff, S.720ff, Epple, Die Bank 10/1991, , 544ff.

Industrieunternehmen mit eigenen Leasinggesellschaften sowie Kredit- und Anlagevermittlern[5].

1. Die Konkurrenzsituation der Kreditinstitute untereinander

Ausgangspunkt der marktstrategischen Überlegungen der Banken für den Wettbewerb untereinander ist die Einsicht, daß die Anforderungen an Werbung und Beratung im Privatkundengeschäft gewachsen sind. War noch bei Einführung der bargeldlosen Lohn- und Gehaltszahlung Ende der sechziger Jahre die Erweiterung des Kundenbestandes durch zahlreiche neu zu eröffnende Lohn- und Gehaltskonten gesichert, so ist heute der Markt weitgehend erschöpft angesichts der Erfassung nahezu der gesamten Arbeitsbevölkerung mit mindestens einer Bankdienstleistung; 96% aller deutschen Haushalte verfügen über mindestens ein Girokonto, etwa die Hälfte der Haushalte unterhält mehr als eine Bankverbindung[6]. Die Strategie der Anbieter geht infolgedessen dahin, nunmehr den gesamten finanziellen Versorgungsbedarf eines Kunden mit Finanzdienstleistungen "aus einer Hand" abzudecken[7]. Eine Ausdehnung des Geschäfts wird daher betrieben durch die Vermittlung weiterer Bankdienstleistungen an Kunden, die bisher nur eine oder wenige Leistungen in Anspruch nahmen. Diese Maßnahmen des sogenannten cross-sellings[8] an bereits vorhandene Kunden setzen jedoch voraus, den Kunden insoweit von Konkurrenzinstituten abzuwerben und erfordern damit einen erhöhten Werbe- und Beratungsaufwand. Die Aktivierung solchermaßen "brachliegender" Kundenverbindungen bedingt darüber hinaus das Eindringen in die Privatsphäre dieser Kunden, sollen sie von einer konkreten, individuell gestalteten Werbemaßnahme überhaupt erreicht werden. Verbesserte Marktpositionen können auf diese Weise nahezu nur noch im Verdrängungswettbewerb erreicht werden, während man den eigenen Kundenstamm gegenüber anderen Mitanbietern gerne abschirmen möchte[9].

Im Bestreben nach Verbesserung der Rentabilität spielen auch bilanztechnische Erwägungen eine Rolle. Aufgrund des aus § 11 KWG abzuleitenden

---

[5] Stracke, Die Bank 11/88, 590, Cramer, Jörg, a.a.O.(Fn.3), S.756, Epple, Die Bank 10/91, 544, 547

[6] Zahlen nach Epple, Die Bank 91, 544, 548

[7] Stracke, Die Bank 11/88, 590, allg.zur Bedeutung des "Verbrauchers" für die Banken Hellner/Steuer WM Sonderbeil.Sept.91, S.11, 12

[8] dazu Cramer, Jörg, a.a.O.(Fn.3), S.749, Keßler in:Süchting/van Hooven S.146, Ausfelder, Die Bank 2/91, S.91, Epple, Die Bank 10/91, 544, 545

[9] Stracke, Die Bank 11/88, 590, 593

Prinzips der Fristenkongruenz[10] von Einlagen und Krediten müssen die Kreditinstitute etwa im Zuge der vermehrten Vergabe langfristiger Darlehen im Rahmen der Baufinanzierung für eine gleichzeitig verstärkte Hereinnahme von langfristigen Einlagen Sorge tragen. Gerade die als langfristig anzusehende Anlage auf Sparkonten[11] ist jedoch ihrem Gesamtvolumen nach angesichts größerer Anlegermobiblität und der Konkurrenz neuer Anlageformen erheblich zurückgegangen[12]. Neben attraktiveren Ausgestaltungen der einzelnen Formen der Spareinlage bedarf es daher auch in erhöhtem Maße der Werbung um Spareinlagen, um dieser günstigen Refinanzierungsmöglichkeit weiterhin ihre Bedeutung zu erhalten. Das neu eingeführte Angebot von "Sparplänen mit Versicherungsschutz"[13] dient sowohl diesem Zweck als auch dazu, der wachsenden Konkurrenz der Versicherungswirtschaft zu begegnen.

Schließlich kann ein entscheidender Anteil an persönlichem Kontakt der Bank zu ihrem Kunden infolge des Einsatzes von Kundenselbstbedienungsgeräten im Rahmen der Rationalisierung des Geschäftsverkehrs verlorengehen. Der damit verbundenen Gefahr der Entpersonalisierung kann durch zunehmende Anstrengungen bei der Betreuung der Kunden entgegengewirkt werden[14].

2. Konkurrenz der Versicherungen

Im Zuge der allgemeinen Entwicklung zu Allfinanzangeboten sind die Versicherungsunternehmen in den vergangenen Jahren zu einem immer bedeutenderen Konkurrenten für die Banken geworden. So haben die Kapitalanlagen der Kreditinstitute insbesondere gegenüber dem Angebot der kapitalbildenden Lebensversicherung deutlich an Attraktivität eingebüßt[15]. Die Versicherer konnten ihren Anteil an der Geldvermögensbildung der privaten Haushalte in der jüngeren Zeit kontinuierlich steigern, während der Anteil der Vermögensbildung bei Banken rückläufig war[16]. Die dynamische Aufwärtsentwicklung im Versicherungsgeschäft wurde dabei maßgeblich von der Lebensversicherungssparte getragen, bei der die Beitragseinnahmen in der ersten

---

[10] Reischauer/Kleinhans, Anh.zu §10 und §11 KWG Rz.24, vgl.ferner Szagunn/Wohlschiess Anh.§§10 u.11, Rz.23ff.

[11] vgl. Grundsatz II, Satz 2 Nr.4 des Bundesaufsichtsamts für das Kreditwesen, abgedr. bei Consbruch/Möller/Bähre/Schneider unter 3.01 sowie bei Reischauer/Kleinhans, Anh.zu §10 un §11 KWG

[12] Knauth WM 1987, 517, Schlaus, ZHR 151(1987), 180, 191

[13] vgl.von Hippel, S.243

[14] Epple, Die Bank 10/91, 544, 547, Süchting, S.38

[15] Stracke, Die Bank 11/88, 590, Knauth, WM 1987, 517

[16] vgl.die Übersichten bei Betsch, S.59ff.

Hälfte der Achtziger Jahre um ein Drittel anwuchsen[17]. Darüber hinaus wurden von den Versicherern bislang von Banken vertriebene Leistungen in das eigene Angebot aufgenommen. Daß die Versicherungen schon immer über ein Außendienstnetz verfügen konnten, das sich besonders für intensive Werbung und Beratung im Bereich der Kapitalanlage eignet, dürfte für die Kreditinstitute einen zusätzlichen Anreiz darstellen, die Einführung eines solchen Vertriebssystems ebenfalls anzustreben.

3. Kundeninteresse

Hinzuzufügen bleibt, daß viele Kunden einer umfangreicheren Beratung durch ihre Bank durchaus aufgeschlossen gegenüber stehen. Gerade bei komplizierteren Fragen der Kredit- und Anlageberatung kommt es den Kunden darauf an, sich vor Vertragsschluß durch einen Fachmann in aller Ruhe beraten zu lassen, zumal ein großer Teil dieser Geschäfte nicht in einem breiteren öffentlichen Rahmen erörtert werden soll[18]. Angesichts als zu starr empfundener Öffnungszeiten, vielfältiger gewordenen Möglichkeiten der Kapitalanlage und der Finanzierung[19], einer größeren Anlegermobilität und einem größer gewordenen Interesse an einer persönlich abgestimmten Beratung kommen die Marketinganstrengungen der Banken den Kunden insoweit entgegen. Dabei darf freilich nicht übersehen werden, daß zwischen dem Interesse des Kunden an möglichst objektiv gehaltener Beratung und dem Interesse des Kreditinstituts an möglichst umfangreicher, weit gefächerter Werbung für bestimmte Bankdienstleistungen eine Differenz bestehen bleibt.

III. Vorzüge und Gefahren des Direktmarketings

Die geschilderten Einzelaspekte verstärken in ihrer Gesamtwirkung bei der Kreditwirtschaft die Tendenz, sich ebenso wie bereits andere Branchen der Möglichkeiten des Direktmarketings zu bedienen, das allgemein gerade auf dem Dienstleistungssektor bemerkenswerte Zuwachsraten zu verzeichnen hat[20]. Im Bankenbereich dürften dabei die Telefonwerbung[21] und langfristig die Organisation eines Außendienstes mit dem Ziel von Hausbesuchen im Vordergrund stehen[22]. Vorzüge und Gefahren solcher Werbemethoden werden

---

[17] Betsch S.61

[18] Epple, Die Bank 10/91, 544, 549, Knauth, WM 1987, 517

[19] Wüst, JZ 1989, 67

[20] Gilles, S.32, Stracke, Die Bank 11/1988, 590, 593

[21] dazu Ausfelder, Die Bank 1991, 91ff.

[22] Betsch S.50f.

bereits seit einiger Zeit lebhaft diskutiert. Aus der Vielzahl der Vorteile, die für diese Form des Marketings aufgeführt werden, seien etwa der direkte persönliche Kontakt mit dem Kunden und der damit verbundenen Aquisitionsmöglichkeit durch unmittelbare Einflußnahme durch hierfür besonders geschultes Personal, der Möglichkeit optimaler Präsentation des eigenen Angebots, der direkten und intensiven Beratung und der Möglichkeit einer schnellen Einführung von Neuheiten genannt[23]. Andererseits steht eine wachsende Anzahl von Verbrauchern dem Direktvertrieb überwiegend skeptisch gegenüber[24]. Als nachteilig empfunden werden insbesondere die Gefahr der Überrumpelung, der Schaffung psychischer Zwangslagen und der Gefahr von sich als übereilt herausstellenden Fehlentscheidungen aus sachfremden Motiven[25]. Um einer sich aus diesen Nachteilen ergebenden Beeinträchtigung des eigenen Öffentlichkeitsbildes zu vermeiden, ist daher als Aufgabe der Banken bereits herausgestellt worden, bei der Werbung sei nicht darauf abzuzielen, Kunden zum Kauf von Produkten oder Dienstleistungen zu überreden, sondern zu überzeugen und allgemeines Vertrauen zu erwecken[26]. Sogenannte "hard-selling"-Methoden (Bedrängen des Kunden, Übertreibungen) müssen dagegen unterlassen werden, wenn ein positiver Eindruck auf den Kunden sichergestellt werden soll[27].

1. Problemstellung

Neben diesen betriebswirtschaftlich orientierten Leitlinien ergeben sich jedoch, wie bereits angedeutet, für die Kreditwirtschaft auch rechtliche Grenzen der Anwendung des Direktmarketings, die Gegenstand dieser Arbeit sein sollen. Zu berücksichtigen ist dabei, daß Werbung auch in einer solchen Form notwendiger Bestandteil eines marktwirtschaftlich verfaßten Systems ist, das seinen Ausdruck im Privatrecht in der Entscheidung für die Privatautonomie findet. Das Prinzip der Privatautonomie bedarf jedoch seinerseits immanenter Schranken, die seine Funktionsfähigkeit letztlich zu sichern imstande sind. So ist eine Grundvoraussetzung für die tatsächliche Inanspruchnahme der Privatautonomie durch den einzelnen Kunden, daß seine Entschließungsfreiheit nicht durch Überrumpelung und Schaffung von Zwangssituationen beeinträchtigt wird. Die Möglichkeit einer Konzeption, die sowohl dem Grundsatz

---

[23] vgl.Gilles, S.21 f., Teske/Simon in: Magoulas/Simon, S.320f.,

[24] Schade, S.54, Meier-Tesch in: Marketing-Enzyklopädie, Bd.I, München 1974, S.395ff., Gilles, S.41, Teske/Simon in: Magoulas/Simon, S.320, 327, vgl.Wüst JZ 1989, 67, 69

[25] Gilles, S.23 f., Teske ZIP 1986, 624, 626, Erman-Weitnauer-Klingsporn Vor §1 HTWiG Rz.17ff.

[26] Thies/Stracke, Die Bank 1/87, 19, 24

[27] Ausfelder, Die Bank 2/91, 91, 92

der Privatautonomie Rechnung trägt, als auch das Interesse der Unternehmen an Werbung einerseits sowie die Privatsphäre und die Entscheidungsfreiheit des Umworbenen andererseits angemessen berücksichtigt, soll bei den folgenden Ausführungen im Blick behalten werden. Die für die zu untersuchenden Werbemaßnahmen einschlägigen Einzelnormen sind daher unter Beachtung dieser Gesichtspunkte einer eingehenderen Prüfung zu unterwerfen (dazu Teil B). Im Anschluß daran sollen die Besonderheiten, die sich aus der Anwendung dieser Normen im Rahmen der Geschäftsbeziehung von Bank und Kunde ergeben und sich bis zur Wahrnehmung von Beratungspflichten steigern können[28], entwickelt werden (hierzu unten C). Zum Abschluß bedarf noch der Prüfung, welche Rechte sich für den Kunden ergeben können, wenn er infolge von Bankgeschäften Nachteile erleidet, die aufgrund unzulässiger Werbemaßnahmen angebahnt wurden. Zu denken ist hierbei insbesondere an die Fälle übermäßiger Verschuldung des Kunden sowie an Schadensersatzansprüche im Bereich der Vermögensanlage.

---

[28] BGH NJW 1979, 1595, 1596; BGH JZ 1985, 951

Teil 2

Einzelbetrachtung von Werbemaßnahmen der Kreditinstitute

Gegenstand dieses Abschnitts ist die rechtliche Würdigung typischer Maßnahmen, die zur Werbung im Bereich des Privatkundengeschäfts der Kreditinstitute geeignet sind. Die Schwierigkeiten eines solchen Unterfangens wurden bereits erwähnt. Sie liegen zum einen in der Gesetzeslage begründet, die lückenhaft ist und zahllose verstreute, nur schwer übersehbare Einzelnormen umfaßt. Diese sind darüber hinaus nicht von einheitlichen gesetzgeberischen Motiven getragen und in ihrer wechselseitigen Anwendung nur unzureichend aufeinander abgestimmt. Beide Umstände zusammen setzen sowohl der systematischen als auch der historischen Auslegung der Vorschriften, insbesondere in ihrem Verhältnis zueinander enge Grenzen. Zum anderen differieren die Einzelvorschriften auch bezüglich der Rechtsfolgen. Einerseits sind Normen zu berücksichtigen, die dem einzelnen von Werbemaßnahmen Betroffenen Unterlassungsansprüche vermitteln, etwa wegen Verletzung des allgemeinen Persönlichkeitsrechts oder des Eigentums aus §1004,I BGB. Daneben kommen Vorschriften in Betracht, die dem Kunden die Lösung von Verträgen erlauben, die unter Beeinträchtigung seiner Entschließungsfreiheit zustande gekommen sind, sei es infolge Nichtigkeit des Vertrages aufgrund §134 BGB in Verbindung mit §56,I Nr.6 GewO, oder durch Einräumung eines Widerrufsrechtes für den Umworbenen, §1,I HTWiG, §11,I AuslInvG, §23,I KAGG. Endlich bleiben Verbote mehr objektiver Wirkungsweise zu untersuchen, deren Einhaltung durch Aufsichtsbehörden oder Konkurrenten des Werbenden überwacht wird, ohne daß der Kunde selbst individuelle Ansprüche geltend machen könnte, so etwa §56,I GewO und die wettbewerbsrechtliche Generalklausel des §1 UWG.

Es ist in diesem Zusammenhang aufschlußreich, daß sich das Schwergewicht der Diskussion in den vergangenen Jahren von der Anwendung des §1 UWG, der zunächst im Mittelpunkt der Beurteilung von Telefonwerbung und Hausbesuchen gestanden hatte, mehr zu individuell gestalteten Rechten des Kunden hin bewegt. Diese Tendenz hat ihren Grund in den bereits geschilderten Entwicklungen. In einer verschärften Konkurrenzsituation nimmt die Kontrolle durch Mitbewerber, wie §1 UWG sie vorsieht, rasch ab, da diese sich selbst intensiverer Werbemethoden bedienen wollen. Umgekehrt verstärkt sich jedoch der Druck der Werbung auf den Einzelnen, der sich dagegen durch ihm zur Verfügung stehende individuelle Rechte zur Wehr setzt. Gleichwohl wird sich im Verlauf der Ausführungen zeigen lassen, daß auch §1 UWG sich in der Entwicklung den veränderten Verhältnissen anpaßt und insofern die in den übrigen privatrechtlichen Bestimmungen zutage getretenen Gewichtsverschiebungen ebenfalls adäquat wiedergibt.

Bei der Betrachtung der einzelnen Werbemaßnahmen sollen die Normalfälle von Bankwerbung im Vordergrund stehen. Ausnahmesituationen dergestalt etwa, daß der Werbende unter Verstoß gegen Strafvorschriften wie Hausfriedensbruch, §123 StGB oder Nötigung, §240 StGB vorgeht, widerrechtliche Drohungen nach §123 BGB oder sittenwidrige Schädigungen nach §826 BGB vornimmt, sind relativ eindeutig zu beurteilen und dürften jedenfalls bei der überwiegenden Mehrheit der Kreditwirtschaft nicht die Regel sein[1].

I. Werbung durch Anschreiben und Postwurfsendungen (Briefkastenwerbung)

Der Einwurf von Prospekten in die Hausbriefkästen findet besonders in den Großstädten zunehmende Verbreitung. Die Zunahme hat in den vergangenen Jahren die Frage nach der unbeschränkten Zulässigkeit dieser Form von Werbung aufkommen lassen. Der Werbung durch Briefe und Prospekte bedienen sich auch die Kreditinstitute, und zwar sowohl um ihr aktuelles Angebot sowie die Konditionen im Kredit- und Wertpapierbereich, als auch um neu in das Dienstleistungsprogramm aufgenommene Angebote bekannt zu machen. Dabei werden mehr oder weniger individuell gestaltete Werbebriefe und Prospekte durch die Bank selbst, durch von ihr beauftragte Werbeunternehmen oder per Post an Kunden wie Nichtkunden verteilt. Diese Werbeform läßt, unterwirft man sie einer rechtlichen Prüfung, weder von vornherein einen Wettbewerbsverstoß erkennen, noch stehen ihr besondere Verbotsvorschriften, die eine Mißbilligung durch den Gesetzgeber ablesen ließen, entgegen. Dennoch ist die Briefkastenwerbung in jüngster Zeit Gegenstand mehrerer Urteile des Bundesgerichtshofes und einiger Oberlandesgerichte geworden. Diesen Entscheidungen lagen stets individuelle Ansprüche auf Unterlassung belästigender Werbung zugrunde, und zwar gestützt auf einer Verletzung des Eigentums, des Besitzes oder des allgemeinen Persönlichkeitsrechts. Dabei haben sich in der Rechtsprechung insofern Divergenzen ergeben, als die direkt vom Werbenden eingeworfene Werbung anders zu beurteilen sein soll als Werbung, die mittels Postwurfsendung übersandt wird. Als Ausgangspunkt soll zunächst die in den Urteilen zum direkten Einwurf von Werbung durch

---

[1] vgl.zur strafrechtlichen Würdigung Gilles S.111ff.

den Werbenden selbst zu Tage getretene Linie der Rechtsprechung zur Briefkastenwerbung nachgezeichnet werden.

1. Die Rechtsprechung des BGH

In dem dem ersten Briefwerbungsurteil des BGH vom 16.2.1973[2] zugrundeliegenden Sachverhalt hatte sich der Kläger gegen persönlich gehaltene Werbeschreiben gewandt, die ihm als Postsendung in verschlossenem Briefumschlag mit Absenderangabe ohne Hinweis auf den Inhalt der Sendungen zugegangen waren. In der Revisionsinstanz beschränkte er sich auf die Geltendmachung eines Unterlassungsanspruches wegen widerrechtlicher Beeinträchtigung seines Persönlichkeitsrechtes. Im Sachverhalt des zweiten Briefkastenwerbungsurteils des BGH vom 20.12.1988[3] begehrte der Kläger Unterlassung aus Eigentums- und Besitzstörung sowie Verletzung des allgemeinen Persönlichkeitsrechts gegenüber dem Einwurf von Handzetteln eines Lebensmittel-Filialbetriebs.

Der BGH hat in beiden Fällen das Vorliegen eines Unterlassungsanspruches bejaht. Grundsätzlich sei allerdings in Werbeaktionen der beanstandeten Art weder dem Umfang noch der Aufmachung nach ein unzulässiger Eingriff in Rechte des Umworbenen zu erblicken. Zwar könnten Werbesendungen, die sich in ihrer Aufmachung völlig als Privatbriefe tarnten und deren Werbecharakter erst nach näherem Befassen erkennbar sei, durchaus eine unzumutbare Belästigung des Adressaten darstellen. Dies sei aber selbst bei einer verschlossenen Sendung nicht der Fall, wenn der Betroffene spätestens nach dem Öffnen erkennen könne, daß es sich um einen Werbebrief handele[4]. Eine solche Erwägung gelte erst recht für die Werbung mit Handzetteln, die auf den ersten Blick als Werbung zu erkennen und aus den Postsendungen ohne weiteres auszusondern seien[5]. In diesem Zusammenhang verweist das Gericht auf seine Rechtsprechung zur Telexwerbung[6], bei der das für die Werbung erforderliche Einverständnis des Umworbenen wegen der dieser Werbung ihrer Natur nach anhaftenden Unzuträglichkeiten nicht stillschweigend vorausgesetzt werden könne. Bei der Briefkastenwerbung sei die Gefahr einer unzumutbaren Belästigung dagegen erheblich geringer; außerdem diene sie nicht zuletzt dem berechtigten Interesse des Verbrauchers, über das Leistungsange-

---

[2] BGHZ 60, 296ff.=BGH JZ 1974, 105ff.m.Anm.Walz

[3] BGHZ 106, 229ff.= NJW 1989, 902=WM 1989, 236=WRP 1989, 308=JR 1989, 243 m.Anm.Schwerdtner

[4] BGHZ 60, 296, 299

[5] BGHZ 106, 229, 232

[6] BGHZ 59, 317ff.

bot des werbenden Unternehmens einen Überblick zu erhalten. Deswegen könne hier im Gegensatz zur Telex-Werbung nicht von vorneherein angenommen werden, der Umworbenene lehne diese Art der Werbung ab[7].

Gebe der Empfänger jedoch ausdrücklich zu erkennen, daß er derartiges Werbematerial nicht zu erhalten wünsche, so könne in der Mißachtung seiner Willensäußerung eine Verletzung seiner Rechte liegen. Eine entgegen dem grundsätzlich beachtlichen Willen des Umworbenen fortgesetzte Werbung sei unzulässig[8]. Dies folge aus dem Selbstbestimmungsrecht des Betroffenen, das sich gegenüber dem Interesse des Unternehmers an der Werbung durchsetze. Das Recht, sich gegen das Aufdrängen unerwünschten Werbematerials zur Wehr zu setzen, ergebe sich sowohl aus dem Anspruch aus Eigentums- und Besitzstörung gemäß §§1004,862 BGB, der sich gegen Beeinträchtigungen der räumlich-gegenständlichen Sphäre des Inhabers richte, als auch aus dem allgemeinen Persönlichkeitsrecht, das den Willen des Bürgers, insoweit seinen Lebensbereich von jedem Zwang zur Auseinandersetzung mit Werbung nach Möglichkeit freizuhalten, als Ausfluß seines personalen Selbstbestimmungsrechts schütze[9]. §906 BGB stehe nicht entgegen, da dieser Immissionen, nicht aber wie hier festkörperliche Gegenstände voraussetze[10]. Eine Ausnahme von dem prinzipiellen Vorrang des Willens des Umworbenen gegenüber dem Interesse des Unternehmers will der BGH nur dann gelten lassen, wenn nach Art der Ausgestaltung der Werbeaktion eine Beachtung des Widerspruchs für den Werbenden mit Mühen und Kosten verbunden sei, die in keinem Verhältnis zu der Verärgerung und Belästigung des Umworbenen stehen, der sich eine solche Werbung ausdrücklich verbeten habe[11]. Störer und damit Anspruchsgegner des Unterlassungsanspruches sei das werbende Unternehmen schließlich selbst dann, wenn es mit der Durchführung der Werbemaßnahmen eine Direktwerbungsgesellschaft beauftragt habe, da es infolge der Beauftragung der Direktwerbungsgesellschaft die Störung des Umworbenen veranlaßt habe und insofern als mittelbarer Störer anzusehen sei und aus den vertraglichen Beziehungen zu der beauftragten Gesellschaft über die Rechtsmacht verfüge, weitere Störungen zu vermeiden[12].

---

[7] BGHZ 60, 296, 300, BGHZ 106, 229, 232

[8] BGHZ 60, 296, 300, 106, BGHZ 106, 229, 232

[9] BGHZ 106, 229, 232f.

[10] BGHZ 106, 229, 233, vgl. Soergel-Baur, §906 Rz.29, Palandt-Bassenge §906 Rz.4, Münch-Komm-Säcker §906 Rz.19

[11] BGHZ 60, 296, 300f., BGHZ 106, 229, 235

[12] BGHZ106, 229, 235

2. Kritik der Rechtsprechung

Die Rechtsprechung des BGH hat bei den Instanzgerichten und in der Literatur im Ergebnis ganz überwiegend Zustimmung gefunden[13]. In der Tat wäre nicht zu verstehen, warum ein gegen den Einwurf von Werbematerial gerichteter Wille des Empfängers nicht beachtlich sein sollte, zumal es dem Werbenden unter normalen Umständen kein Problem bereiten dürfte, in einen mit einem ausdrücklichen Hinweis versehenen Briefkasten keine Werbung einwerfen zu lassen. Soweit in der Literatur Kritik geübt wurde, richtete sich diese vornehmlich gegen den Ansatz des BGH, über die Ansprüche aus Eigentum und Besitz hinaus auch eine Verletzung des allgemeinen Persönlichkeitsrechts anzunehmen sowie gegen die Beschränkung des Anspruchs bei unverhältnismäßig hohen Kosten für den Werbenden.

a) Verletzung des allgemeinen Persönlichkeitsrechts durch Briefwerbung?

Erhebliche Zweifel bestehen nach einer Ansicht im Schrifttum, ob man den unzulässigen Einwurf von Werbematerial in die Briefkästen als Persönlichkeitsrechtsverletzung ansehen könne[14]. Der Briefkasten könne nämlich nicht der Privatsphäre zugerechnet werden, da er funktional der Öffentlichkeit zugänglich sei und keinen autonomen Bereich privater Lebensgestaltung darstelle. Der Umworbene sei auch sonst im täglichen Leben stets der Werbung ausgesetzt. Ebensowenig liege in der Mißachtung des Willens, keine Werbung zu erhalten, eine Persönlichkeitsverletzung, da der Wille im Zivilrecht nicht prinzipiell geschützt sei, sondern stets gefragt werden müsse, welcher Wille schützenswert sei und welcher nicht, und ob der Wille vernünftig oder unvernünftig sei.

Die Argumente für diese Auffassung können nicht überzeugen[15]. Es handelt sich beim Einwurf von Werbematerial in Briefkästens nämlich keineswegs um eine herkömmliche Methode der Massenwerbung, sondern der Umworbene wird gezielt als Individualperson in seiner Privatsphäre angesprochen

---

[13] OLG München NJW 1984, 2422, OLG Stuttgart ZIP 1987, 1487, OLG Nürnberg AfP 1972, 223, OLG Karlsruhe AfP 1983, 399.OLG Frankfurt NJW 1988, 1854, Jauernig-Teichmann §823 Anm.VIII A 2 a, Staudinger-Schäfer §823 Rz.256, Palandt-Thomas §823 Rz.195, Weise GRUR 1989, 653, 655, Schwerdtner JR 1989, 245, Freund BB 1986, 409, 414f., Wronka AfP 1973, 440, Bauer GRUR 1973, 554, Schricker/Lehmannn Rz.61, RGRK-Dunz §823 Anh I, Rz.79, jedoch differenzierend nach dem Grad der Erkennbarkeit, kritisch unter Hinweis auf den Schutz der Interessen des Werbenden Erman-Ehmann Anh.§12 Rz.376

[14] Ehlers WRP 1983, 187, 192, Schwerdtner JR 1989, 246, Weise GRUR 1989, 653, 656, der Tendenz nach auch Bodendorf AfP 1988, 322, 323

[15] ebenso Alt WRP 1985, 319, 321, Staudinger-Schäfer §823 Rz.256, Palandt-Thomas §823 Rz.195, Freund, S.238f., ders. BB 1986, 409, 415

und damit gezwungenermaßen zum Adressaten bestimmter Werbemaßnahmen[16]. Daß der Briefkasten zur häuslichen Sphäre gehört und es dem Betroffenen nicht gleichgültig sein kann, welche Gegenstände hineingeworfen werden, läßt sich ernsthaft nicht bestreiten. Eine "funktionale Zugänglichkeit des Briefkastens für die Öffentlichkeit"[17] besteht schon wegen des Briefgeheimnisses nicht. Die Differenzierung in schutzwürdigen und nicht schutzwürdigen Willen läuft auf eine inakzeptable Unterscheidung schutzwürdiger und nicht schutzwürdiger Ausprägungen der Persönlichkeit hinaus, widerspricht überdies der Konzeption des allgemeinen Persönlichkeitsrechts als "Rahmenrecht"[18] einschließlich seiner damit verbundenen großen tatbestandlichen Reichweite.

b) Einschränkung des Persönlichkeitsschutzes wegen unverhältnismäßiger Kosten für den Werbenden?

Die Kritik am BGH richtete sich ferner gegen die in den Entscheidungen angedeutete Möglichkeit einer Ausnahme vom grundsätzlichen Vorrang des Schutzes des Umworbenen bei unverhältnismäßigen Kosten für den Werbenden; dessen finanzielle Mehrbelastungen seien nämlich gegenüber dem Persönlichkeitsrecht des Betroffenen inkommensurable Größen[19]. Hat man einmal eine Verletzung des Persönlichkeitsrechts bejaht, so erweist sich diese Kritik als konsequent. Persönlichkeitsverletzungen unter Kostenerwägungen für zulässig zu erklären und damit letztlich vom wirtschaftlichen Kalkül des Werbenden abhängig zu machen, erscheint nicht überzeugend. Es ist allerdings aufschlußreich, daß das Argument bislang kaum in einem Urteil zu einer abweichenden Entscheidung geführt hat[20], obwohl seine Bedeutung den jeweils beklagten Unternehmern bekannt sein mußte und eine Substantiierung in dieser Hinsicht daher nahe gelegen hätte.

c) Kritik an der Argumentationsführung des BGH

Von der Literatur weniger beachtet wurde bislang die Argumentationsführung des BGH. Untersucht man die Urteile in diesem Punkt genauer, so er-

---

[16] so mit Recht Alt NJW 1986, 1597, 1598

[17] Weise GRUR 1989, 653, 656

[18] Fikentscher §103, II, 2 S.744

[19] Münch-Komm-Schwerdtner §12 Rz.245, ders.JR 1989, 246, Alt S.83, ders.WRP 1985, 319, 322, Freund BB 1986, 409, 415, distanziert auch OLG Frankfurt NJW 1988, 1854, 1855, dem BGH zustimmend dagegen Bauer GRUR 1973, 552, Wronka AfP 1973, 440

[20] soweit ersichtlich lediglich LG Nürnberg-Fürth NJW 1985, 1642

weisen sich allerdings die Begründungen der Entscheidungen im einzelnen als in sich unstimmig[21].

(1) Schwierigkeiten zeigen sich bereits, wenn man den Entscheidungen zu entnehmen versucht, worin der Eingriff des Werbenden in Eigentum, Besitz und allgemeines Persönlichkeitsrecht genau bestehen soll. Als naheliegend böte es sich an, diesen bereits in dem Einwurf des Werbematerials in den jeweiligen Briefkasten zu erblicken. Hierfür spräche in den Entscheidungsgründen immerhin der Hinweis auf die Rechtsprechung zur Telex-Werbung, bei der für die Durchführung der Werbung ein Einverständnis des Umworbenen erforderlich sei, dessen Vorliegen nicht stillschweigend vorausgesetzt werden könne. Bei der Briefkastenwerbung sei die Annahme eines solchen stillschweigenden Einverständnisses dagegen möglich[22]. Hieraus könnte man schließen, daß nach der Konstruktion des BGH der Eingriff im Einwerfen der Werbung besteht, der aber durch eine konkludente Einwilligung regelmäßig gedeckt sei. Mit dieser Annahme lassen sich aber die weiteren Ausführungen des Gerichts nicht in Einklang bringen, in denen es betont, grundsätzlich seien Werbeaktionen durch als solche erkennbare Werbebriefe und Handzettel nicht als Eingriff in Rechte des Umworbenen anzusehen[23]. Wenn die Entscheidungen dies damit begründen, daß insoweit keine unzumutbare Belästigung des Empfängers vorliege, so scheinen sie weniger den Rechtfertigungsgrund der Einwilligung als das bereits tatbestandsausschließende Merkmal der Sozialadäquanz im Auge zu haben. In der Tat war die Rechtsprechung in der Literatur zuvor unter Bezugnahme auf den Gesichtspunkt der Sozialadäquanz dahingehend kritisiert worden, daß die Zusendung von Werbesendungen, auch wenn sie als Privatbriefe getarnt seien, keine Verletzung des allgemeinen Persönlichkeitsrechts darstellen könnten, da sie durch die Sozialadäquanz gedeckt sein müßte, wenn dieses Instrument überhaupt noch einen Stellenwert haben solle[24]. Wenn sich der BGH gegen diese Kritik ausdrücklich mit dem Bemerken wendet, angesichts des erreichten Ausmaßes dieser Werbung nach Quantität und Intensität könne von einer nur unwesentlichen Beeinträchtigung von Rechten des Umworbenen selbst dort, wo der Berechtigte seine häusliche Sphäre für derartiges Zudringen von Drittinteressen ausdrücklich sperrt, keine Rede sein, so ist dies in der Sache zwar zutreffend. Denn eine großzügige Handhabung des Merkmals der Sozialadäquanz als ein tatbestandsausschließendes Merkmal[25] würde keinen Raum mehr für die autonome Entscheidung des Betroffenen lassen, ob er von Werbung verschont bleiben will oder nicht

---

21 krit.ebenfalls Alt. S.83

22 BGHZ 60, 296, 300

23 hiergegen auch Kritik bei Freund S.238f.

24 Münch-Komm-Schwerdtner §12 Rz.245

25 Fikentscher, Schuldrecht 6.Aufl.S.573, Palandt-Thomas §823 Rz.40

und gäbe damit seine grundrechtlich geschützte Privatsphäre dem wirtschaftlichen Interesse des Werbenden, gegenüber dem sie doch Vorrang besitzen sollte[26], preis[27]. Darüber hinaus wäre dann nicht erklärbar, warum die Werbung zunächst zulässig, nach Widerspruch des Umworbenen aber plötzlich unzulässig sein soll, da eine sozial adäquate Verhaltensweise ihren rechtlichen Charakter nicht unversehens verändern kann. Im systematischen Zusammenhang der Entscheidungen selbst erweisen sich diese Ausführungen des BGH jedoch als rätselhaft, da sie zu keiner der beiden oben aufgeführten Begründungszusammenhänge in Bezug zu stehen scheinen.

(2) Tatsächlich sehen die Entscheidungsbegründungen den Eingriff in Eigentum, Besitz und allgemeines Persönlichkeitsrecht des Umworbenen gar nicht im Einwerfen der Werbung selbst, sondern erst in der Mißachtung eines entgegenstehenden Willens des Betroffenen, die dann freilich im neuerlichen Einwerfen von Werbung zum Ausdruck kommt. Als Eingriffsobjekt versucht der BGH damit nicht mehr die räumlich-gegenständliche Sphäre, die das Eigentumsrecht zum Gegenstand hat bzw. die Privatsphäre, die vom allgemeinen Persönlichkeitsrecht geschützt wird, sondern vielmehr das sich aus dem Schutz dieser Sphären ergebende Selbstbestimmungsrecht des Werbeadressaten heranzuziehen. Gegenüber diesem Ansatz wäre freilich kritisch zu fragen, auf welche Weise die Briefkastenwerbung selbst generell, insbesondere wenn sie vor der Erklärung eines derartigen Willens erfolgt, überhaupt rechtlich eingeordnet werden soll. Da darüber hinaus an den Rechtfertigungsgrund der Einwilligung auf diese Weise nicht mehr angeknüpft werden kann, erscheint dadurch auch der Hinweis auf die Situation bei der Telexwerbung verbunden mit dem Abstellen auf die zumindest stillschweigende Einwilligung des Umworbenen zur jeweiligen Werbeaktion überflüssig. Den Weg, die Selbstbestimmung des Umworbenen durch das dafür geeignete Instrument der Einwilligung zu erfassen, haben sich die Entscheidungsbegründungen stattdessen verlegt mit der Folge, daß die einzelnen Begründungselemente nicht mehr in einen geschlossenen Zusammenhang einzufügen sind. So bleibt denn den Entscheidungen nur der allgemeine Hinweis auf eine zu Gunsten des Umworbenen ausgegangene Interessenabwägung[28].

(3) Die aufgezeigten Unstimmigkeiten und Widersprüche machen deutlich, daß man nicht erst die Mißachtung des Selbstbestimmungsrechtes des Umworbenen, sondern bereits den Einwurf von Werbesendungen selbst als Ein-

---

[26] so auch BVerfGE 32, 311, 318, BGH GRUR 1971, 317ff.

[27] unklar Schwerdtner JR 1989, 245, der noch Raum für den Willen des Empfängers sieht, obwohl die Werbung sozialtypisch und daher zulässig sei;gegen das Argument der Sozialadäquanz bei belästigender Werbung in der Privatsphäre dagegen zutreffend Freund S.149, ders.BB 1986, 409, 413

[28] BGHZ 60, 296, 300, BGHZ 106, 229, 234

griff in die bezeichneten Rechte auffassen muß, um den Einwurf von Werbung in Briefkästen zutreffend einzuordnen. In Übereinstimmung damit ist auch das Eingriffsobjekt nicht erst im Selbstbestimmungsrecht, sondern in der vom Eigentum umfaßten räumlich-gegenständlichen Sphäre des Hauses bzw. der Wohnung sowie der vom allgemeinen Persönlichkeitsrecht geschützten Privatsphäre zu erblicken. Hierzu zählt allerdings auch der Arbeitsplatz, da es keinen Unterschied machen kann, ob der Umworbene hinsichtlich seiner privaten Dispositionen, auf die der Werbende Einfluß zu nehmen sucht, die Werbung zuhause oder am Arbeitsplatz entgegennehmen muß. Diese Erwägung läßt sich auch auf den in §1,I Nr.1 HTWiG enthaltenen Rechtsgedanken stützen, nach dem eine Beeinflussung in privaten Belangen am Arbeitsplatz und in der Privatwohnung grundsätzlich gleichstehen. Aufgrund des rahmenrechtlichen Charakters des allgemeinen Persönlichkeitsrechts[29] wird nun bekanntlich die Rechtswidrigkeit bei Persönlichkeitsverletzungen durch die Tatbestandsmäßigkeit nicht indiziert, sondern bedarf vielmehr der positiven Feststellung im Wege einer Güter- und Interessenabwägung[30]. Im Rahmen der Beurteilung der Briefkastenwerbung ist bei dieser Interessenabwägung jedoch zu berücksichtigen, daß wirtschaftliche Interessen grundsätzlich keinen Vorrang vor dem Persönlichkeitsrechtsschutz genießen. Sieht man daher von dem Fall nur ganz geringfügiger Eingriffe in das Persönlichkeitsrecht ab, so ist eine Rechtswidrigkeit in Anbetracht des mittlerweile erreichten Ausmaßes der Breifkastenwerbung anzunehmen. Wenn man eine rechtswidrige Persönlichkeitsrechtsverletzung aufgrund des prinzipiellen Vorranges des Persönlichkeitsschutzes vor dem wirtschaftlichen Erwerbsstreben und damit der Werbung bejaht, so kommt eine Widerrechtlichkeit allerdings dann nicht in Betracht, wenn ein Rechtfertigungsgrund vorliegt. Das Einwerfen von Sendungen in den Briefkasten als dessen bestimmungsgemäße Nutzung wird nun jedoch in der Regel der Fälle durch eine in der Aufstellung enthaltene konkludente Einwilligung gerechtfertigt. Eine dahingehende Auslegung der Einwilligung nach dem Empfängerhorizont (§§133,157 BGB) [31] ist möglich, da für die Einwilligung die Vorschriften über die Willenserklärung zumindest entsprechend gelten[32]. Erklärt der Berechtigte durch einen Hinweis, er wolle keine Werbung erhalten, so liegt für den Werbenden erkennbar die üblicherweise anzunehmende Einwilligung nicht mehr vor. Ein dennoch vorgenommenes Einwerfen von Werbematerial stellt daher eine Störung dar, die Unterlassungsansprüche aus §1004 BGB auslöst. Damit aber erübrigt sich die Inan-

---

[29] Fikentscher S.744, Erman-Ehmann Anh.§12 Rz.15

[30] BGHZ 45, 296, 307;BGHZ 24, 72, 80, Larenz SchuldR II S.624, Medicus SchuldR II, S.366, Fikentscher S.729, Erman-Ehmann Anh.§12 Rz.54

[31] vgl.BGHZ 20, 345, 348, BGH NJW 1980, 1903

[32] BGH NJW 1984, 1395, Larenz SchuldR II, S.594, Münch-Komm-Mertens §823 Rz.32, Staudinger-Schäfer §823 Rz.456, 458

spruchnahme des aus der Rechtsprechung zur Telefon- und Telexwerbung[33] übernommenen, in seinen Grenzen ohnedies unsicheren Belästigungsargumentes. Ein weiterer Vorzug der hier entwickelten Sicht ist es, daß über das Instrument der Einwilligung auch Modifikationen für Sonderbeziehungen angemessen berücksichtigt werden können. Will die Bank einem Kunden, mit dem sie in Geschäftsbeziehung steht, schriftliches Werbematerial zukommen lassen, obwohl dieser grundsätzlich, das Einwerfen von Werbebriefen durch entsprechende Hinweise ablehnt, so kann sie sich gegenüber anderen Werbenden eine Sondereinwilligung des Kunden für die Zusendung von Werbung aushändigen lassen und diese etwa zu den Kontounterlagen nehmen. Voraussetzungen und Modalitäten einer derartigen Einwilligung unter Berücksichtigung der Beziehung zwischen Bank und Kunde sollen weiter unten im Gesamtzusammenhang dargestellt werden.

3. Briefkastenwerbung durch Postwurfsendungen

Vor allem die Großbanken, aber auch kleinere Privatbanken bedienen sich zur Kundenwerbung durch Werbematerial nicht eines eigenen Austragedienstes, sondern nehmen den Postwurfsendungsdienst der Deutschen Bundespost in Anspruch.

Die jüngere Rechtsprechung hatte auch über die Zulässigkeit dieser Werbemethode zu entscheiden, wenn sich der Empfänger den Einwurf von Werbung durch Anbringen eines entsprechenden Aufklebers auf seinem Briefkasten verbeten hatte. Im Gegensatz zu den Entscheidungen, die den Vertrieb des Materials durch eigenes Personal des Werbenden betrafen, sehen die Judikate zur Briefkastenwerbung durch Postwurfsendung diese überwiegend als zulässig an[34]. Die Urteile finden ihre Grundlage letztlich in einer Entscheidung des VGH Mannheim[35], nach dem die Deutsche Bundespost nicht verpflichtet ist, einen Aufkleber, der den Einwurf von Werbung untersagt, zu beachten. Im Anschluß an diese verwaltungsgerichtliche Entscheidung wäre den Werbenden, gegen die sich die Klagen der Betroffenen nun direkt vor den Zivilgerichten richteten, praktisch nichts anderes übriggeblieben, als auf Postwurfsendungen insgesamt zu verzichten, wenn die Mißachtung der Ablehnung einzelner Umworbener als unzulässig gewertet worden wäre. Darin

---

33 vgl.BGHZ 54, 188ff.;BGHZ 59, 317ff.

34 BGH NJW 1992, 1109, 1110 (zu §1 UWG) , OLG Stuttgart NJW 1991, 2912, LG Kassel NJW 1991, 2912, 2913, zust. Kaiser NJW 1991, 2870, ff. a.A. KG NJW 1990, 2142, LG Hagen NJW 1991, 2911

35 VGH Mannheim NJW 1990, 2145

aber sahen die Zivilgerichte überwiegend eine unverhältnismäßige Belastung des Werbenden.

Diese Schlußfolgerung schien zwingend, solange man die Post als nicht verpflichtet ansah, die Ablehnung der Briefkastenwerbung zu beachten. Tatsächlich steht sowohl die Entscheidung des VGH Mannheim wie auch die daran anschließende Rechtsprechung der Zivilgerichte zur Postwurfsendung in einem erkennbaren Wertungswiderspruch zu der zutreffenden Rechtsprechung zum Einwurf durch den Werbenden selbst. Während dort die Mißachtung des entgegenstehenden Willens des Betroffenen als Persönlichkeitsverletzung eingestuft wurde, vermögen die Entscheidungen hier einen unverhältnismäßigen Eingriff in das Persönlichkeitsrecht nicht festzustellen[36]. Ein werbendes Unternehmen müßte demzufolge zu dem Schluß gelangen, daß letztlich nur die Art der gewählten Verteilungsmethode über die Zulässigkeit der Briefkastenwerbung entscheidet. Der Schutz der Persönlichkeit als solcher ist jedoch umfassend und kann nicht Abstufungen unterliegen, die allein von der Verteilungsart von Werbematerial abhängt. Daß die zivilgerichtlichen Entscheidungen darüber hinaus noch das Kriterium der unverhältnismäßigen wirtschatlichen Belastung bemühen, um den Persönlichkeitseingriff zu rechtfertigen, verleiht diesen keine zusätzliche Überzeugungskraft, da der Persönlichkeitsschutz gegenüber finanziellen Belastungen eine inkommensurable Größe darstellt[37].

Es ist daher zu begrüßen, daß die Deutsche Bundespost Postdienst nunmehr in ihre Allgemeinen Geschäftsbedingungen für den Briefdienst Inland Nr.6.4 Abs.4 Satz 1 die Regelung aufgenommen hat, entsprechende ablehnende Hinweise auf Hausbriefkästen auch für Postwurfsendungen freiwillig zu beachten[38].

II. Telefonwerbung

Eine besonders intensive Form der Werbung ist die Benutzung des Telefons zu Werbe- und Verkaufsgesprächen, wobei in organisierten Telefonaktionen die Umworbenen vorzugsweise am späten Nachmittag oder in den frühen Abendstunden, zu Zeiten also, in denen auch Berufstätige in ihrer Privatwohnung erreichbar sind, von besonders geschultem Personal angerufen werden[39]. Dabei werden teilweise reine Werbe- und Beratungsgespräche geführt,

---

[36] VGH Mannheim NJW 1990, 2145, BGH NJW 1992, 1109, 1110

[37] s.bereits oben S.20

[38] so auch bereits §59 II Nr.1 PostO i.d.F.vom 28.2.91; vgl.hierzu Erman-Ehmann Anh.§12 Rz.372

[39] Ausfelder, Die Bank 1991, 91, 92, Dallmer/Greff S.290

die einen späteren Geschäftsabschluß in den Geschäftsräumen nur vorbereiten sollen. Mitunter werden jedoch Geschäfte über Bankdienstleistungen direkt am Telefon abgewickelt. Dies ist insbesondere bei bei Wertpapiergeschäften der Fall, die regelmäßig eine rasche Ausführung erfordern.

1. Wettbewerbsrechtliche Beurteilung der Telefonwerbung

Die Telefonwerbung ist in Rechtsprechung und Literatur zunächst vorwiegend im Wettbewerbsrecht thematisiert worden. Unumstritten dürfte dabei bereits seit längerer Zeit sein, daß Telefonanrufe bei Privatpersonen zum Zwekke der Werbung nach §1 UWG grundsätzlich unzulässig sind[40]. Als Ausgangspunkt zur Beurteilung der Telefonwerbung am Maßstab des §1UWG sind die hierzu ergangenen zentralen Entscheidungen des BGH heranzuziehen.

Im ersten vom BGH entschiedenen Fall hatte sich ein Verlag einer amerikanischen Vertriebsgesellschaft bedient, um bei den Angerufenen,die eine durch ihn vertriebene Tageszeitung noch nicht bezogen, für ein Abonnement zu werben, und war daraufhin von einem Mitbewerber auf Unterlassung in Anspruch genommen worden[41]. Im zweiten Fall klagte ein Verbraucherschutzbund gegen eine Weinkellerei wegen telefonischer Werbung für eine Weinprobe, nachdem der Angerufene bereits zwei Jahre zuvor nach einer solchen Weinprobe eine Bestellung aufgegeben hatte[42]. Im Sachverhalt des dritten Urteils hatte ein Verbraucher einen Gewerbetreibenden schriftlich um Zusendung von Informationsmaterial gebeten und war daraufhin telefonisch umworben worden[43]. Der BGH hat in allen drei Fällen der Klage stattgegeben und die telefonische Werbung wegen Verstoßes gegen §1 UWG für unzulässig erklärt.

In seinem jüngsten Urteil schließlich gab der BGH der Klage eines Anwalts gegen einen Personenwagenhersteller teilweise statt wegen eines Werbeanrufes in der Anwaltskanzlei[44].

---

[40] BGHZ 54, 188ff., BGH NJW 1989, 2820=JZ 1989, 858=GRUR 1989, 753, , BGH JZ 1990, 251=ZIP 1990, 199, Krüger-Nieland GRUR 1974, 561, 562, Baumbach-Hefermehl §1 UWG Rz.67, Schricker-Lehmann Rz.62, Nordemann Rz.185, Jacobs in:Gloy §49 Rz.50

[41] BGHZ 54, 188ff.-Telefonwerbung I-

[42] BGH NJW 1989, 2820=JZ 1989, 858-Telefonwerbung II-

[43] BGH JZ 1990, 251=ZIP 1990, 199-Telefonwerbung III-

[44] BGH NJW 1991, 2087ff-Telefonwerbung IV-

a) Tatbestand des § 1 UWG

Tatbestandsvoraussetzung des §1 UWG ist, daß die vom Werbenden vorgenommene Handlung gegen die guten Sitten verstößt. In seinem ersten Telefonwerbungsurteil betonte der BGH im Anschluß an seine bisherige Rechtsprechung zu §1 UWG, ein solcher Verstoß liege nicht nur dann vor, wenn das Wettbewerbsverhalten dem Anstandsgefühl der beteiligten Verkehrskreise, d.h. des redlichen und verständigen Durchschnittsgewerbetreibenden des betreffenden Gewerbezweiges widerspricht, sondern auch dann, wenn die fragliche wettbewerbliche Maßnahme von der Allgemeinheit mißbilligt und für untragbar angesehen werde; denn §1 UWG wolle nicht nur den Mitbewerber vor unlauterem Wettbewerb schützen, sondern auch die Allgemeinheit vor Auswüchsen des Wettbewerbs bewahren[45]. Für die Bestimmung dessen, was der Allgemeinheit nicht mehr zumutbar ist, bedarf es der Beachtung der Ausstrahlungswirkung der Grundrechte und der ihnen innewohnenden Wertvorstellungen[46]. Im Rahmen der Konkretisierung der Generalklausel in der Rechtsanwendung sind Wettbewerbshandlungen, insbesondere Werbemaßnahmen, dann als unlauter zu betrachten, wenn sie mit der Wertordnung der Grundrechte unvereinbar sind. So erfordert auch die durch die Verfassung gesicherte Individualsphäre einen angemessenen Schutz vor dem wirtschaftlichen Gewinnstreben Dritter[47]. Die in der Literatur durch die einschlägigen Fallgruppen umschriebenen Sachverhalte[48] sind nun gekennzeichnet durch das Belästigen von Kunden durch aufdringliche Werbung. Die Aufdringlichkeit nimmt dabei einen über die mit jeder Werbung unvermeidbar verbundene Belästigung hinausgehenden Grad an, der den Umworbenen eine ruhige, sachliche Prüfung unmöglich macht, so daß diese lediglich deshalb zum Vertragsschluß bereit sind, um der Belästigung ein Ende zu machen, was den Grundsätzen des Leistungswettbewerbs widerspricht. Nicht nur wegen der dadurch bewirkten Überrumpelung, sondern schon wegen der Belästigung an sich, die der Umworbene über sich ergehen lassen muß, verstößt die Werbemethode gegen die guten Sitten im Wettbewerb[49].

---

[45] BGHZ 54, 188, 190, vgl.a.BGHZ 19, 392, 396-Anzeigenblatt-, BGHZ 59, 317, 322-Telex-Werbung-, BGHZ 103, 203, 206-Btx-, BGH JZ 1989, 858=NJW 1989, 2820=ZIP 1989, 1285, 1286 m.Anm.Paefgen, BGH ZIP 1990, 199-Telefonwerbung III-

[46] Baumbach-Hefermehl UWG Einl Rz.92, Jacobs in:Gloy §49 Rz.35

[47] BGH GRUR 1965, 315, BGHZ 54, 188, 190, BGH JZ 1989, 858

[48] vgl.etwa Baumbach-Hefermehl §1 UWG Rz.57ff., Nordemann Rz.164ff., Jacobs in: Gloy, §49 Rz.34ff., Lehmann GRUR 1974, 133, 134

[49] BGHZ 54, 188, 190, BGH GRUR 1965, 315, 316;1971, 317, 318, Baumbach-Hefermehl §1 UWG Rz.57, von Gamm §1 UWG Rz.149, Nordemann Rz.164, Jacobs in:Gloy §49 Rz.34

b) Das erste Telefonwerbungsurteil des BGH

Eine solchermaßen für die Allgemeinheit untragbare Belästigung hat der BGH bei der Telefonwerbung als grundsätzlich gegeben angesehen, und zwar nicht erst beim Hervortreten besonderer erschwerender Umstände. Die berechtigten Interessen der gewerblichen Wirtschaft, ihre Produkte anzupreisen, erforderten es angesichts der Vielfältigkeit der Werbemethoden nicht, mit der Werbung auch in den privaten Bereich des umworbenen Verbrauchers einzudringen. Vielmehr stünde der Schutz der Individualsphäre gegenüber dem wirtschaftlichen Gewinnstreben Dritter im Vordergrund[50]. Mit dem Einrichten eines Telefonanschlusses habe man nicht sich und sein Heim uneingeschränkt der Öffentlichkeit preisgegeben, sondern lediglich solchen Anrufern, bei denen aufgrund ihrer Beziehungen zum Anschlußinhaber die Inanspruchnahme gerechtfertigt erscheint. Die technischen Eigenarten des Telefons ermöglichten ein unkontrollierbares Eindringen in die Privatsphäre des Anschlußinhabers. Daher stelle bereits der Anruf eines Unberufenen einen unzulässigen Eingriff in die Individualsphäre des Anschlußinhabers dar, da dieser veranlaßt werde, das Gespräch zunächst anzunehmen, und wegen der Ungewißheit über den Zweck des Anrufes meist genötigt werde, sich auf das Gespräch einzulassen, zum Beispiel eine Werbung zur Kenntnis zu nehmen, bevor er sich entscheiden könne, ob er das Gespräch fortsetzen wolle oder nicht. Erkenne der Angerufene im Verlauf des Gesprächs, daß er einer von ihm nicht gewünschten Werbemaßnahme ausgesetzt wird, so sei zu diesem Zeitpunkt die Störung bereits eingetreten. Gerade weil sich der Anschlußinhaber nicht von vorneherein gegen das Eindringen in die Privatsphäre wehren könne, sei schon das Anrufen als solches anstößig, möge auch der Anrufer selbst sich höflich verhalten. Darüber hinaus kann auch die Durchführung des Telefongesprächs nach seiner Art und Weise eine zusätzliche Belästigung enthalten. Schließlich sei die erhöhte Nachahmungsgefahr zu berücksichtigen, weil die fragliche Werbemethode keinen erheblichen Kosten- und Zeitaufwand erfordere und gleichzeitig die unmittelbare Kontaktaufnahme mit dem Kunden ermögliche. Aufgrund des daher besonders günstigen Wirkungsgrades sei damit die Gefahr des immer weiteren Umsichgreifens begründet und infolgedessen eine unerträgliche Beunruhigung des privaten Lebensbereichs zu befürchten[51].

c) Die neueren Urteile des BGH

Den Umstand, den der BGH im Leitsatz seines ersten Telefonwerbungsurteils[52] betont hatte, daß zwischen dem Angerufenen und dem Werbenden bis-

[50] BGH GRUR 1965, 315, 316, BGHZ 54, 188, 191, BGH NJW 1989, 2820

[51] BGHZ 54, 188, 192ff.

[52] BGHZ 54, 188ff.

lang keine Beziehungen bestanden, hatten die jeweiligen Beklagten in den Sachverhalten der beiden weiteren Urteile zum Anlaß genommen, die bereits früher erfolgten Bestellungen des Angerufenem ihm gegenüber besonders hervorzuheben. Ebenso hatten zuvor die Instanzgerichte eine Verletzung des §1 UWG durch Telefonwerbung bei Bestehen einer Geschäftsbeziehung verneint[53]. In den Entscheidungsgründen der jüngeren Urteile stellt der BGH nunmehr fest, daß sich für die Telefonwerbung auch bei bereits bestehenden geschäftlichen Beziehungen zum privaten Endabnehmer grundsätzlich keine andere Beurteilung ergebe[54]. Allein schon in der Aufnahme eines geschäftlichen Kontaktes könne kein Einverständnis des privaten Endabnehmers gesehen werden, ohne daß dies dem verfassungsrechtlich gebotenen Schutz der Privatsphäre zuwiderlaufe. Vielmehr müsse für die Aufnahme von telefonischen Kontakten zu Werbezwecken gegenüber Privatpersonen ein ausdrückliches oder konkludentes Einverständnis gegeben sein. Ein Einverständnis des Anschlußinhabers bestehe weder bei einer schriftlichen Bitte um Übersendung von Informationsmaterial[55], noch könne eine briefliche Ankündigung des Anrufs ein solches Einverständnis ersetzen[56].

Der BGH hat damit in seinen jüngeren Urteilen noch mehr die Bedeutung des Schutzes der Privatsphäre im Rahmen der Beurteilung nach §1 UWG betont und andererseits bemerkenswerterweise das Erfordernis eines für die Durchführung der Werbung erforderlichen Einverständnisses in den Mittelpunkt seiner Ausführungen gestellt, während der ursprünglich stark forcierte Aspekt der unzumutbaren Belästigung demgegenüber zurücktritt[57]. Diese Tendenz ist zu begrüßen. Im Rahmen des Schutzes der Privatspähre erweist sich das Argument der unzumutbaren Belästigung ohnehin als nur schwer einzuordnen. Seiner Struktur nach erinnert es eher an das tatbestandsausschließende Merkmal der Sozialadäquanz, das ebenfalls dazu führt, ein bestimmtes Verhalten als generell zumutbar oder unzumutbar zu bewerten. Auf die Problematik, ein solches Institut im Rahmen des Persönlichkeitsschutzes heranzuziehen, wurde bereits im Zusammenhang mit der Briefkastenwerbung hingewiesen. Der heuristische Wert des Belästigungsarguments läßt sich darüber hinaus durchaus bestreiten, da hierdurch lediglich ein neuer, in seinen Konturen unklarer Begriff in die Gesetzesanwendung eingeführt wird, der allenfalls dazu dienen kann, die Abwägung zwischen der Privatsphäre des Umworbenen und damit des Persönlichkeitsschutzes und dem wirtschaftlichen Interesse des

---

[53] etwa HansOLG WRP 1978, 553, 554, LG Oldenburg GRUR 1988, 551, 552, ähnlich OLG Stuttgart NJW-RR 1987, 1132, 1133 (freilich unter Betonung des Einzelfalls)

[54] BGH NJW 1989, 2820=JZ 1989, 858, BGH JZ 1990, 251

[55] BGH ZIP 1990, 199

[56] BGH NJW 1989, 2820=ZIP 1989, 1285

[57] Paefgen ZIP 1989, 1287

Unternehmers, mithin seinem Recht auf freie wirtschaftliche Betätigung, zu umschreiben. Bei dieser Abwägung aber verstellt das Argument eher den Blick auf die in Rechnung zu stellenden grundrechtlich geschützten Interessen. Daß dieses Kriterium bei der konkreten Abwägung eine echte Hilfe darstellt, ist überaus fraglich. Bei einem so nachdrücklichen Eindringen in die Privatsphäre wie bei der Telefonwerbung dürfte es sich daher erübrigen[58], auf die Aspekte der Belästigung und der Nachahmungsgefahr zurückzugreifen.

Im letzten Telefonwerbungsurteil hat der BGH schließlich auch einen Verstoß gegen §1 UWG für möglich gehalten, wenn sich die Werbung gegen einen Gewerbetreibenden richtet[59]. Dem BGH, der insoweit einen konkreten, aus dem Interessenbereich herzuleitenden Grund für den Anruf fordert, ist jedoch auch hier zuzustimmen. Tatsächlich geht es nämlich hier um Fälle der Werbung, die den Gewerbetreibenden zwar äußerlich in seinem Geschäftslokal erreichen; ihre eigentliche Wurzel haben sie jedoch im persönlichen Konsumbereich, so daß der Eingriff in das Persönlichkeitsrecht auch hier gegeben ist, wenn die Werbemaßnahme keinen Grund im geschäftlichen Interessenbereich des Angerufenen hat. Andernfalls könnte der Werbende Anrufe, die er sonst an die Privatwohnung richten würde, einfach über den Geschäftsanschluß des Umworbenen vornehmen, wodurch lediglich eine nicht zu rechtfertigende Schlechterstellung von Gewerbetreibenden gegenüber anderen Verbrauchern einträte.

2. Bürgerlich-rechtliche Unterlassungsansprüche gegenüber der Telefonwerbung wegen Verletzung des allgemeinen Persönlichkeitsrechts

Über das wettbewerbsrechtliche Verbot hinaus verdient auch die Frage Beachtung, ob der einzelne Verbraucher sich nicht gegen unerwünschte Telefonwerbung durch die Geltendmachung eines Unterlassungsanspruchs wegen Verletzung des allgemeinen Persönlichkeitsrechts zur Wehr setzen kann. Das OLG Stuttgart hat diese Frage für den Fall von Telefonanrufen durch eine politische Partei im Wahlkampf bejaht[60]. Die Interessen des Anrufers müßten gegenüber dem Recht, in seiner Wohnung ungestört zu bleiben, zurücktreten. Unerbetene Telefonanrufe könnten eine Belästigung darstellen, die je nach der Gestaltung der konkreten Lebenssituation des Angerufenen durchaus den

---

58 so schon Droste GRUR 1970, 524, noch ganz unter dem Eindruck des Belästigungs- und des Nachahmungsgefahrsarguments dagegen Lehmann GRUR 1974, 133, 136ff.-daher auch nur unzureichende Berücksichtigung der persönlichkeitsrechtlichen Komponente

59 BGH NJW 1991, 2087, 2088f., im Grundsatz ebenso Baumbach-Hefermehl §1 UWG Rz.67

60 OLG Stuttgart NJW 1988, 2615; einschränkend dagegen im Hinblick auf das Allgemeine Persönlichkeitsrecht Erman-Ehmann Anh.§12 Rz.382

Charakter einer erheblichen Störung im individuell-räumlichen Privatbereich annehmen könnten. Gegen solche Anrufe könne sich der Angerufene nicht schützen, ohne ganz auf seinen Telefonanschluß zu verzichten. Angesichts der Vielfältigkeit der Möglichkeiten, Wahlwerbung zu betreiben, sei ein derart nachdrückliches Eindringen in die individuell-räumliche Sphäre nicht erforderlich. Zudem bestehe die Gefahr der Ausweitung durch Nachahmung. Diese Entscheidung verdient Zustimmung. Der Persönlichkeitsschutz umfaßt die Persönlichkeit auch in statischer Hinsicht in ihrem Recht, in Ruhe gelassen zu werden[61]. Ruft der Werbende in der Privatwohnung des Werbeadressaten an, so liegt allein schon mit dem dadurch entstehenden Zwang zur Auseinandersetzung mit dem Anliegen des Anrufenden für den Verbraucher eine tatbestandliche Beeinträchtigung seiner Persönlichkeit vor. Die in der Entscheidung des OLG Stuttgart für den Fall der Wahlwerbung entwickelten Grundsätze, die sich erkennbar an die wettbewerbsrechtliche Rechtsprechung des BGH zur Telefonwerbung anlehnen, dürften damit auch auf das Gebiet der Wirtschaftswerbung übertragbar sein[62]. Eine Entsprechung findet sich für diese Ansicht auch in der jüngsten Entscheidung des BGH zur Briefkastenwerbung, in der das Gericht einen Unterlassungsanspruch aus Verletzung des allgemeinen Persönlichkeitsrechts unabhängig von dem Anspruch aus Eigentum zu begründen sucht, indem es die Schutzwürdigkeit des Willens herausstellt, seinen Lebensbereich nach Möglichkeit von jedem Zwang zur Auseinandersetzung mit Werbung freizuhalten[63].

3. Anwendbarkeit von §§ 1 HTWiG,56,I GewO auf telefonische Geschäftsabschlüsse

Über die Grenzen hinaus, die das wettbewerbsrechtliche Verbot nach §1 UWG sowie Abwehransprüche aus dem allgemeinen Persönlichkeitsrecht telefonischer Werbung setzen, könnten sich noch weitere Einschränkungen ergeben, dann nämlich, wenn auf telefonisch vermittelte Geschäftsabschlüsse die Tatbestände, die den unbestellten Hausbesuch regeln, anwendbar wären.

Die Diskussion dieser Frage hat sich am Tatbestand des §1,I Nr.1 HTWiG entzündet, sie könnte aber mit gewissen Modifizierungen auch im Bereich des §56,I GewO relevant werden[64]. Anknüpfungspunkt hierfür wäre im Wortlaut des §1,I HTWiG das Merkmal der "mündlichen Verhandlungen in der Privatwohnung", in §56,I Nr.1h,2e,6 GewO i.V.m. §55,I GewO dagegen, daß Wert-

---

[61] BGH MDR 1965, 371, 372, Palandt-Thomas §823 Rz.177, Soergel-Zeuner §823 Rz.86

[62] vgl.Jauernig-Teichmann §823 Anm.VIII A 2 a, Freund S.234f.

[63] BGH NJW 1989, 902.903

[64] vgl.hierzu Schlaus ZHR 151(1987) , 180, 182, Friauf-Stober §55 Rz.12

papier-, Edelmetallgeschäfte und die Vermittlung von Darlehensgeschäften nicht im Reisegewerbe, also "außerhalb der gewerblichen Niederlassung des Gewerbetreibenden" vorgenommen werden dürfen. Die Bedeutsamkeit der Anwendbarkeit dieser Normen im Rahmen des Telefonmarketing ergibt sich für die Banken daraus, daß sich Privatkunden häufig im Wertpapiergeschäft intensiv beraten lassen, insbesondere wenn sie häufig Wertpapierkäufe und -verkäufe tätigen und erwarten, daß die Bank sie hierbei initiativ unterstützt. Auf diese Weise kann es auf telefonische Ratschläge der Wertpapierberatung des Kreditinstitutes hin zu Kauf- und Verkaufaufträgen kommen, die letztlich auf dieser Beratung beruhen.

Zunächst ist zumindest nach dem Wortlaut des §1,I HTWiG die Einbeziehung fernmündlicher Verhandlungen nicht völlig auszuschließen. Demgegenüber ging der Gesetzgeber jedoch ausweislich der Gesetzesbegründung davon aus, daß §1,I HTWiG in solchen Fällen ohnehin keine Anwendung findet, da bei telefonisch vermittelten Geschäften eine mündliche Verhandlung weder am Arbeitsplatz oder in der Privatwohnung stattfände, sondern vielmehr gleichzeitig am jeweiligen Aufenthaltsort der beiden Verhandlungspartner. Die Nichtanwendung des HTWiG sei auch gerechtfertigt, da bei telefonischen Verhandlungen die Einflußnahme auf den Kunden regelmäßig weniger intensiv sei als bei persönlicher Anwesenheit der anderen Vertragspartei, telefonische Aufträge würden daher vom Widerrufsrecht nicht erfaßt[65].

Ein Teil der Literatur hält diese Begründung für nicht überzeugend[66]. Sie widerspreche nicht nur den bislang vorherrschenden wettbewerbsrechtlichen Bewertungen von unbestellten Vertreterbesuchen einerseits und unerbetenen Telefonanrufen andererseits, bei denen Telefonanrufe stets als intensiverer Eingriff in die Rechte des Umworbenen angesehen worden seien, sondern laufe auch dem grundsätzlichen Gesetzeszweck der Verhinderung von Überrumpelungen des Kunden zuwider, da die Gefahr unbedachter Geschäftsabschlüsse bei telefonischen Verhandlungen groß sei.

Die herrschende Meinung hat sich dagegen auf den Standpunkt des Gesetzgebers gestellt, telefonische Geschäftsabschlüsse generell vom Widerrufsrecht des §1,I Nr.1 HTWiG auszunehmen. Die Möglichkeiten der Einflußnahme auf den Kunden erreichten bei einem telefonischen Abschluß nicht die für die persönliche Anwesenheit des Gewerbetreibenden charakteristische Intensität

---

[65] BT-DS 10/2876, Begründung S.11

[66] Erman-Weitnauer-Klingsporn §1 HTWiG Rz.13, Ulmer WRP 1986, 445, 449f., Gilles NJW 1986, 1135, 1140

und Gefährlichkeit[67]. Beim Haustürbesuch habe die physische Anwesenheit des Verkäufers eine für die Überrumpelung ausschlaggebende Bedeutung, während bei einem Telefonanruf der Kunde jederzeit die Möglichkeit habe, das Gespräch abzubrechen. Ein Vergleich mit der wettbewerbsrechtlichen Beurteilung der Telefonwerbung sei nicht gerechtfertigt, da §1 UWG den Umworbenen vor Belästigungen der Privatsphäre, §1 HTWiG aber die davon unterschiedliche Entschließungsfreiheit des Kunden schütze.

Die Frage der Anwendbarkeit des §1 HTWiG auf telefonische Geschäftsabschlüsse ist allerdings nur schwer zu beantworten. Der Wortlaut der Vorschrift ist insoweit undeutlich. Wenn die herrschende Meinung die Ansicht vertritt, das Merkmal "in einer Privatwohnung" verlange die gleichzeitige Anwesenheit der Verhandelnden[68], so überzeugt dies deshalb nicht, weil das Gesetz ansonsten stets auf den Ort abstellt, an dem der Kunde zur Abgabe seiner Erklärung bestimmt, mithin auf ihn eingewirkt worden ist. Im Gesetzeszusammenhang verweist die herrschende Ansicht auf die Regelungen der vorhergehenden Bestellung in §1,II Nr.1 HTWiG sowie die Aushändigung einer Widerrufsbelehrung in §3 HTWiG, die eine persönliche Anwesenheit der anderen Vertragspartei voraussetzten[69]. Dem läßt sich entgegenhalten, daß sich dem Erfordernis der vorhergehenden Bestellung in §1,II Nr.1 HTWiG nichts über den Inhalt und die Ausgestaltung des nachfolgenden Auftretens des Werbenden entnehmen läßt und der Charakter des HTWiG als Verbraucherschutzgesetz durchaus an ein generelles Erfordernis einer schriftlichen Widerrufsbelehrung selbst dann denken ließe, wenn die Verhandlungen am Telefon stattfanden. Wenn umgekehrt die Mindermeinung für sich die Vorschrift des §147,2 BGB für sich in Anspruch nimmt, nach dem fernmündliche und Verhandlungen unter Anwesenden prinzipiell gleichbewertet würden[70], so ist dieser Schluß unsicher, weil §147,2 BGB nur als Ausnahmevorschrift zu §147,1 BGB zu begreifen und damit dem engen Kontext der Vertragsabschlußmechanik zugehörig ist. Dem Hinweis der Mindermeinung im Rahmen der teleologischen Auslegung hingegen, der Gesetzeszweck des Schutzes vor der Überrumpelung erfordere eine Anwendung auf telefonische Geschäftsabschlüsse, kann mit dem Argument begegnet werden, daß sich das Gesetz mit der Aufzählung in §1,I Nr.1 HTWiG als abschließend versteht[71] und damit nicht auf alle erdenklichen Überrumpelungssituationen anwendbar ist. Ange-

---

[67] Palandt-Putzo §1 HTWiG Rz.7, Soergel-Wolf §1 HTWiG Rz.13, Bennemann, JR 1986, 358, 361, Goller GewA 1986, 73, 75, Löwe BB 1986, 821, 825, Teske ZIP 1986, 624, 628, Knauth WM 1987, 517, 529

[68] Palandt-Putzo §1 HTWiG Rz.7, Soergel-Wolf §1 HTWiG Rz.13

[69] Goller GewA 1986, 73, 75

[70] Gilles NJW 1986 1135, 1140

[71] vgl.BR-Begr.BT-Drucks.10/2876 S.12

sichts der Unsicherheit, die damit nach Einbeziehung der verschiedenen Auslegungskriterien verbleibt, kommt dem Rückgriff auf die Entstehungsgeschichte des Gesetzes ausschlaggebendes Gewicht zu. Nach dieser aber hielt der Gesetzgeber eine ausdrückliche Regelung für den Ausschluß telefonischer Geschäftsabschlüsse für gar nicht erforderlich, weil diese ohnehin nicht dem Wortlaut des Gesetzes unterfielen, was sich auch inhaltlich begründen lasse[72]. Die damit grundsätzlich und ausdrücklich getroffene Entscheidung des Gesetzgebers ist zu akzeptieren, eine Anwendbarkeit des Gesetzes auf telefonische Geschäftsabschlüsse demzufolge abzulehnen.

III. Vertreterbesuche an der Haustür

Neben dem Versand von Werbebriefen und Prospektmaterial sowie dem Einsatz von Telefonwerbung gehen die Kreditinstitute auch zur Durchführung von Hausbesuchen über, wobei langfristig auch der Aufbau einer Außendienstorganisation in Betracht kommt. Maßgeblich dafür ist zum einen der in den letzten Jahren stark gestiegene Konkurrenzdruck durch die Versicherungsunternehmen, die sich beim Vertrieb ihrer Angebote besonders des Hausbesuches durch Vertreter bedienen. Für die Kreditinstitute liegt es daher nahe, in Zukunft selbst diese Vertriebsform zu nutzen. Zum anderen werden die Öffnungszeiten der Banken gerade bei berufstätigen Privatkunden als unzureichend empfunden, woraus der Wunsch nach einer Beratung nach Geschäftsschluß in den eigenen Wohnräumen resultiert. Die Besuche können dabei durch selbständige Vertreter oder aber durch Angestellte der Bank selbst durchgeführt werden. Möglich sind dabei sowohl Besuche, die gegenüber dem Kunden in der Geschäftsstelle oder per Telefon bereits durch Absprache vorbereitet wurden und solchen ohne Vorankündigung. Auch wenn die Besuche zunächst allein der Beratung dienen sollten, ist doch damit zu rechnen, daß es entweder noch beim Besuch oder in der Folge zu einem Vertragsschluß in der Geschäftsstelle aufgrund dieses Besuches kommt. Der Abschluß derart vermittelter Bankgeschäfte unterliegt allerdings mehreren gesetzlichen Einschränkungen. Die Vielzahl der hier möglicherweise einschlägigen Rechtsvorschriften ist dabei für beide Seiten, Anbieter und Verbraucher gleichermaßen unübersichtlich. Zu einer Rechtsvereinheitlichung in diesem Bereich, die etwa bei Verabschiedung des Gesetzes über den Widerruf von Haustürgeschäften und ähnlichen Geschäften möglich und wünschenswert gewesen wäre, hat sich der Gesetzgeber bislang nicht entschließen können[73]. Stattdessen hat die jüngste gesetzgeberische Maßnahme, das Verbraucherkreditgesetz

---

[72] vgl.BR-Begr.BT-Drucks.10/2876 S.11

[73] Knauth WM 1986, 509, 512, vgl.Medicus, Gutachten S.533f.mit der Forderung, die von ihm vorgeschlagene Widerrufsregelung im BGB und nicht in Nebengesetzen unterzubringen

wiederum eine eigenständige Regelung zum Inhalt, die die Gesetzeslage nochmals komplizierter werden läßt.

1. Das Widerrufsrecht des Kunden nach der Regelung des Gesetzes über den Widerruf von Haustürgeschäften und ähnlichen Geschäften(HTWiG)

Im Anschluß an eine auf europäischer Ebene ergangene EG-Richtlinie[74] gewährt das am 1.5.1986 in Kraft getretene HTWiG dem Kunden, der insbesondere durch mündliche Verhandlungen im Bereich einer Privatwohnung oder am Arbeitsplatz zum Vertragsschluß bestimmt worden ist, nach dem Vorbild des früheren Abzahlungsgesetzes das Recht, das so zustandegekommene Geschäft zu widerrufen. In ihren Auswirkungen für die Kreditwirtschaft ist diese gesetzliche Regelung, mit der sich der Gesetzgeber Forderungen nach einem völligen Verbot des Haustürhandels nicht zu eigen gemacht hat[75], in zweierlei Hinsicht bemerkenswert. Einerseits konnte das bislang bestehende Widerrufsrecht des AbzG für die Kreditinstitute nur für den Bereich des finanzierten Abzahlungskaufes bedeutsam werden, während das HTWiG wegen seiner tatbestandlich weiten Anknüpfung an das Kriterium des entgeltlichen Vertrages nahezu die gesamte Geschäftsbreite der Banken erfaßt. Die Bestimmungen, die erstmals nicht auf den Inhalt, sondern gezielt auf die Art und Weise des Zustandekommens des Rechtsgeschäftes abstellen, verbessern die Stellung des Kunden darüber hinaus erheblich gegenüber der bisherigen Rechtslage, die nur in Extremfällen Gegenrechte vermittelte (etwa §§119,123,134 und 138 BGB) und jedenfalls den normalen Geschäftsverkehr der Banken regelmäßig nicht berührte. Zum anderen bringt das Widerrufsrecht des HTWiG Schwierigkeiten mit sich bei der konkreten Rückabwicklung von Bankgeschäften, die bei den anderen, auf Unterlassung gerichteten Rechten gegen den Direktvertrieb nicht entstehen, da der Widerruf unmittelbar die zivilrechtliche Wirksamkeit des Vertrages betrifft.

Für die Kreditwirtschaft steht das HTWiG teilweise in Konkurrenz mit dem Widerrufsrecht im §7 VerbrKrG, das, ebenfalls auf einer EG-Richtlinie beruhend[76] seit dem 1.1.1991 in Kraft ist[77]. Das VerbrKrG ist für die vorliegende Untersuchung insofern weniger bedeutsam, als es nicht an eine bestimmte Werbemethode anknüpft, sondern ähnlich wie früher das Abzahlungsgesetz

---

[74] ABl.EG L 372/31 v.31.12.85

[75] von Hippel BB 1983, 2024

[76] EG-Richtlinie 87/102/EWG vom 22.12.86 ABlEG L 42/48 mit Änderungsrichtlinie 87/102/EWG v.22.2.90 ABlEG L 61/14

[77] Vergleich der Widerrufsrechte des §7 VerbrKrG, des §8, IV VVG und des §1 HTWiG bei Teske, NJW 1991, 2793, 2795ff.

bestimmte Geschäfte ohne Rücksicht auf die Art ihres Zustandekommens zum Gegenstand hat. Es schafft daher keine Regelungen, die von der Kreditwirtschaft gerade deshalb beachtet werden müssen, weil sie sich des Direktmarketings bedient. Im vorliegenden Zusammenhang verdient jedoch bereits an dieser Stelle hervorgehoben zu werden, daß nach §5,II HTWiG eine Subsidiarität des HTWiG besteht, soweit ein Geschäft zugleich die Voraussetzungen des VerbrKrG erfüllt. Ein Widerrufsrecht für Haustürgeschäfte besteht daher nicht bei Kreditgeschäften, für die es mit dem Widerrufsrecht des VerbrKrG nach §7,I i.V.m. §1,I VerbrKrG sein Bewenden hat, und zwar gleichgültig ob ein Haustürgeschäft vorliegt oder ein solches, das in Geschäftsräumen der Bank abgeschlossen wurde. Von den Leistungen der Kreditinstitute unterliegen also Kredite nicht dem HTWiG, allerdings mit einer wichtigen Ausnahme. Nach §3,II Nr.2 VerbrKrG besteht das Widerrufsrecht nach §7,I VerbrKrG nämlich nicht bei Krediten, die durch Grundpfandrechte gesichert sind, so daß gerade der besonders wichtige Teil des Kreditgeschäfts, die Eigenheimfinanzierung, nicht vom VerbrKrG erfaßt wird. Hier wie auch für die übrigen Tätigkeitsbereiche der Banken kann also das Widerrufsrecht nach §1,I HTWiG einschlägig sein.

a) Gesetzeszweck des HTWiG

Die gesetzliche Regelung verfolgt den Zweck, den Verbraucher bei Haustürgeschäften vor der Überforderung seiner Entschließungsfreiheit infolge Überrumpelung und damit vor unüberlegten, nachteiligen Geschäftsabschlüssen zu schützen[78]. Die Schutzbedürftigkeit resultiert aus den bei Haustürgeschäften aufgrund der physischen Anwesenheit eines Vertreters entstehenden Gefahren. Sie bestehen insbesondere in Hemmungen des Kunden, den für ihn überraschend erschienenen Vertreter abzuweisen, den fehlenden Vergleichsmöglichkeiten mit anderen Angeboten und der Tatsache, daß der Kunde den Überredungskünsten des verkaufspsychologisch geschulten Vertreters oft nicht gewachsen ist[79]. Im Zusammenhang mit diesem Gesetzeszweck ist für den Bereich der Banken kritisch die Frage aufgeworfen worden, ob ein Schutz gegen Überrumpelung auch dann erforderlich sei, wenn der Kunde im Rahmen einer schon bestehenden Geschäftsbeziehung angesprochen wird[80]. Eine daraus etwa anzunehmende Reduktion des Anwendungsbereichs des HTWiG ist in der Literatur aber mit dem Bemerken abgelehnt worden, die bloße Tatsache einer Geschäftsverbindung könne nicht zur Einschränkung des durch

---

[78] BR-Begr.BT-Drucks.10/2876 S.7, Soergel-Wolf Vor §1 HTWiG Rz.2, Erman-Weitnauer-Klingsporn §1 HTWiG Rz.1, Ulmer WRP 1986, 445, 446

[79] BR-Begr.BT-Drucks.10/2876, S.1, 8f., Teske ZIP 1986, 624, 626, Goller GewA 1986, 73

[80] Schlaus ZHR 151 (1987) 180, 189

das HTWiG bewirkten Verbraucherschutzes führen[81]. Dieser Ansicht kann unter der Erwägung gefolgt werden, daß man den eigenartigen Bereichsausnahmen des Gesetzes (vgl.§6 Nr.2 HTWiG) nicht noch weitere im Wege der Auslegung hinzufügen sollte. Den tatsächlichen Besonderheiten der Bank-Kunden-Beziehung ist vielmehr im Rahmen der einzelnen Tatbestandsmerkmale hinreichend Rechnung zu tragen. Hierauf ist zurückzukommen.

b) Tatbestand des Widerrufsrechts

§1,I HTWiG enthält eine enumerative Aufzählung von Fallgestaltungen mit dem Ziel, typische Fälle zu erfassen, die den Schutz des Kunden erfordern. Das Gesetz knüpft dazu situationsbedingt an Gelegenheiten an, in denen aufgrund langjähriger Erfahrung ein besonderes Schutzbedürfnis des Kunden gegen Überrumpelung und damit gegen Übervorteilung anzunehmen ist[82]. Dies bedeutet jedoch nicht, daß das HTWiG alle auch nur erdenklichen Überrumpelungssituationen des täglichen Lebens erfassen will[83]. Im Verlauf des Gesetzgebungsverfahrens hat sich der Gesetzgeber vielmehr gegen ein Generalklausel und stattdessen für eine enumerative Aufzählung bestimmter Situationen entschieden[84]. Dieser enumerative Ansatz wird auch durch die zugegebenermaßen problematische Umgehungsregelung des §5,I HTWiG nicht aufgehoben[85]. Für die Praxis des Kreditgewerbes dürfte allein die Regelung des §1,I Nr.1 HTWiG bedeutsam sein, auf die sich die Darstellung infolgedessen zu konzentrieren hat. Ein Widerrufsrecht besteht für den Kunden nach dieser Vorschrift dann, wenn der Kunde zur Abgabe einer auf einen Vertrag über eine entgeltliche Leistung gerichteten Willenserklärung durch mündliche Verhandlungen an seinem Arbeitsplatz oder im Bereich einer Privatwohnung bestimmt worden ist.

(1) Entgeltlicher Vertrag

Das Gesetz fordert nicht einen bestimmten Vertragstyp, Tatbestandsmerkmal ist vielmehr das Vorliegen eines entgeltlichen Vertrages. Durch diese be-

---

[81] Münch-Komm-Ulmer §1 HTWiG Rz.46a

[82] vgl.BR-Begr.BT-Drucks.10/2876 S.9, Löwe BB 1986, 821, 823, Erman-Weitnauer-Klingsporn §1 HTWiG Rz.10

[83] wie Gilles NJW 1986, 1135, 1140 meint: plötzliche Konfrontation mit einem Kreditgeschäft in den Geschäftsräumen eines Immobilienmaklers

[84] BR-Begr.BT-Drucks.10/2876 S.9f., vgl. Löwe BB 1986, 821, 823, Goller GewA 1986, 73, 78, Teske ZIP 1986, 624, 628, ablehnend gegen eine Analogie, die unter Absehen von der jeweiligen Art der Vertragsanbahnung nur auf Schutzbedürfnis des Kunden vor Überrumpelung abhebt, auch Ulmer WRP 1986, 445, 449;anders noch Medicus, Gutachten S.531 mit dem Vorschlag eines generalklauselartigen Grundes für das Widerrufsrechts -Überrumpelung- und ergänzende gesetzliche Regelbeispiele

[85] Löwe BB 1986, 821, 828 a.A.Gilles NJW 1986, 1135, 1144

wußt weit angelegte Formulierung werden insbesondere Dienstverträge, Leasingverträge, Darlehens- und Geschäftsbesorgungsverträge aller Art erfaßt[86], so daß nahezu alle Bereiche des Bankgeschäfts betroffen sein können. Nicht dazu zu zählen sind freilich die für die Kreditsicherung bedeutsamen Bürgschaften und Garantien als nur einseitig verpflichtende Verträge[87]. Dies ergibt sich unabhängig davon, ob man für §1,I HTWiG einen gegenseitigen Vertrag im Sinne von §320 BGB erforderlich hält[88] aus der Tatsache, daß Bürgschaften und Garantien nicht auf eine entgeltliche Leistung gerichtet sind; darüber hinaus beruht auch die ihnen eigene Gefährlichkeit nicht auf der Art und Weise des Abschlusses, sondern ihres typischerweise risikoreichen Inhaltes, so daß sie auch vom Schutzzweck des HTWiG nicht erfaßt werden. Unerheblich ist ferner, ob die betroffenen Verträge einem gewerberechtlichen Verbot unterliegen. Dies kann zwar bei bestimmten an der Haustür geschlossenen Bankgeschäfte in der Tat der Fall sein. Dem Verbraucherschutz wäre aber nicht gedient, wollte man dem Kunden das ihm zustehende Widerrufsrecht entziehen, nur weil der Vertragspartner zugleich einem Verbotsgesetz der Gewerbeordnung zuwiderhandelt. Andererseits verliert das HTWiG für Kreditinstitute auch dann nicht seine Relevanz, wenn sie sich bemühen, die gewerberechtlichen Vorschriften einzuhalten, da die geschäftlichen Aktivitäten der Banken heute über die im Gewerberecht umschriebenen Geschäfte hinausreichen[89], und sich faktische Verstöße gegen das Verbot aufgrund der zahlreichen Unsicherheiten über die Anwendungsbereiche der einschlägigen Vorschriften nicht vermeiden lassen, so etwa, wenn bei der reinen Anlageberatung aus steuerlichen Gründen gelegentlich Kreditfragen angesprochen werden[90].

(2) Bestimmung zur Erklärungsabgabe durch mündliche Verhandlungen

Erforderlich ist darüber hinaus, daß der Kunde zur Abgabe der Willenserklärung durch die mündlichen Verhandlungen "bestimmt" worden ist. Diese Formulierung stellt eine bewußte Anknüpfung an den Wortlaut des §123 BGB dar, auf dessen Auslegung in Rechtsprechung und Literatur daher zurückgegriffen werden kann[91]. Dementsprechend läßt die Literatur es genügen, daß die mündlichen Verhandlungen als einer unter mehreren Beweggründen mit-

---

[86] OLG München WM 1991, 523, Soergel-Wolf §1 HTWiG Rz.7, Palandt-Putzo vor §1 HTWiG Rz.5, Gilles NJW 1986, 1135, 1139, Löwe BB 1986, 821, 823

[87] BGHZ 113, 287, BGH NJW 1991, 2905, Münch-Komm-Ulmer §1 Rz 9, Knauth WM 1987 517, 523, krit.Schanbacher NJW 1991, 3263f., Klingsporn NJW 1991, 2359f.

[88] so Münch-Komm-Ulmer §1 Rz 9, dagegen Gilles NJW 1986, 1135, 1138

[89] Schlaus ZHR 151(1987) , 180, 186f.

[90] Knauth WM 1987 517, 522, Schlaus ZHR 151(1987) , 180, 186

[91] BR-Begr BT-Drucks.10/2876, S.11, Knauth WM 1986, 509, 513, Löwe BB 1986, 821, 823, Palandt-Putzo §1 HTWiG Rz.5, Münch-Komm-Ulmer §1 HTWiG Rz 14

ursächlich für die Willenserklärung des Kunden geworden sind[92]. Es reicht vielmehr die Feststellung aus, daß er seine Willenserklärung ohne Vorliegen der Umstände des §1,I HTWiG so wie geschehen nicht abgegeben hätte[93]. Der zwischen den die Überrumpelung typischerweise begründenden Umständen des §1,I HTWiG und der Abgabe der Willenserklärung des Kunden erforderliche Kausalzusammenhang setzt aber nicht voraus, daß die Erklärung unmittelbar aus den mündlichen Verhandlungen hervorgehen muß; vielmehr läßt es der Wortlaut des §1,I Nr.1 HTWiG durchaus zu, daß beide Elemente auseinanderfallen[94]. Für den Anbieter, der mit dem Kunden mündliche Verhandlungen in dessen Privatwohnung einmal geführt hat, beinhaltet diese gesetzliche Regelung also das hohe Risiko, daß auch zeitlich von diesen Verhandlungen entfernter abgeschlossene Rechtsgeschäfte noch dem Widerrufsrecht unterliegen können. Um die sich daraus ergebenden weitreichenden Unsicherheiten einzuschränken, bestehen in der Literatur Bestrebungen, die Anforderungen an die Kausalitätsbeziehung zu erhöhen. Bei Verzicht auf den räumlichen müsse stattdessen ein unmittelbarer zeitlicher[95] oder doch zumindest relativ naher Zusammenhang[96] zwischen mündlichen Verhandlungen und Vertragsschluß vorliegen. Insoweit sei wegen des unterschiedlichen Gesetzeszwecks nicht im vollem Umfang auf die Auslegung des §123 BGB zurückzugreifen. Der Einführung eines solchen zum Zwecke der Rechtsklarheit an sich wünschenswerten zusätzlichen Erfordernisses stehen jedoch eindeutig der Wortlaut des Gesetzes und der Wille des Gesetzgebers[97] entgegen. Andererseits ist dem Gesetzeszweck, den Kunden vor einer Beeinträchtigung seiner Entschließungsfreiheit durch Überrumpelung zu entnehmen, daß jedenfalls der Überrumpelungseffekt im Zeitpunkt des Vertragsschlusses noch andauern muß. Einem größeren zeitlichen Abstand zu den in §1,I HTWiG beschriebenen Umständen kann dann wenigstens -wenn auch nur- Indizwirkung dafür zukommen, daß dem Kunden genügend Zeit zur Überlegung zur Verfügung stand und ein Kausalzusammenhang zu der Überrumpelung deshalb nicht mehr besteht[98].

Angesichts dieser unbefriedigenden Gesetzeslage muß eine Bank bei einem Kunden, mit dem sie in der Privatwohnung mündliche Verhandlungen geführt

---

[92] Soergel-Wolf §1 HTWiG Rz.12, Gilles NJW 1986, 1135, 1139

[93] Löwe BB 1986, 821, 824, Knauth WM 1986, 509, 513, Soergel-Wolf §1 HTWiG Rz 12

[94] Münch-Komm-Ulmer §1 HTWiG Rz 18a, Schlaus ZHR 151(1987) , 180, 187, Goller GewA 1986, 73, 75

[95] Knauth WM 1986, 509, 513f.

[96] Palandt-Putzo §1 HTWiG Rz.5, Löwe BB 1986, 821, 824

[97] BR-Begr BT-Drucks.10/2876, S.11

[98] Erman-Weitnauer-Klingsporn §1 HTWiG Rz 7, Soergel-Wolf §1 Rz 12, Goller GewA 1986, 73, 75

hat, davon ausgehen, daß eine Vielzahl der im Rahmen dieser Kundenbeziehung geschlossenen Verträge dem Widerrufsrecht gemäß §1 HTWiG unterworfen sind. Inwieweit man dies innerhalb einer laufenden Geschäftsbeziehung hinnehmen kann, wird noch zu untersuchen sein.

(3) Einschränkung durch das Merkmal der vorhergehenden Bestellung

Nach §1,II Nr.1 HTWiG besteht das Widerrufsrecht nicht, wenn die mündlichen Verhandlungen, auf denen der Abschluß des Vertrages beruht, auf eine vorhergehende Bestellung des Kunden hin geführt worden sind. In konsequenter Verfolgung seiner Intention nimmt das Gesetz einen solchen Kunden von seinem Schutz aus, der selber den Anbieter zu einem Besuch in seiner Privatsphäre veranlaßt hat. Die Gesetzesbegründung weist darauf hin, daß der Begriff der vorhergehenden Bestellung dem §55,I GewO entnommen ist[99], auf dessen Auslegung in Rechtsprechung und Literatur als wort- und sinngleiche Norm[100] daher zurückgegriffen werden kann[101]. Im Rahmen der teleologischen Auslegung ist auch für das Merkmal der vorhergehenden Bestellung der generelle Schutzzweck des Gesetzes, den Kunden vor einer Beeinträchtigung seiner Entschließungsfreiheit zu bewahren, maßgeblich. Dieser Schutzzweck wird nur dann angemessen verwirklicht, wenn bei Vorliegen einer vorhergehenden Bestellung gewährleistet ist, daß der Kunde schon im Zeitpunkt der Äußerung der Bestellung nicht in seiner freien Entschließung gefährdet ist. Die vorhergehende Bestellung ist keine "Bestellung" im Sinne einer rechtsgeschäftlichen Willenserklärung, sondern lediglich geschäftsähnliche Handlung, an die sich kraft Gesetzes Rechtsfolgen knüpfen[102].

Zunächst muß die Bestellung frei von einer in §1,I HTWiG aufgeführten Überrumpelungs- und Überraschungssituation ausgesprochen sein[103]. Die Initiative zur Aufnahme der mündlichen Verhandlungen muß grundsätzlich vom Kunden ausgehen[104]. In zeitlicher Hinsicht muß die Bestellung abgegeben sein, bevor die mündlichen Verhandlungen aufgenommen werden[105].

Seinen Zweck, einen Überrumpelungseffekt aufgrund der Möglichkeit der Vorbereitung auf den Besucher zu vermeiden, erfüllt das Tatbestandsmerkmal

---

99 BR-Begr BT-Drucks S.12

100 BGH NJW 1989, 584, 585, Palandt-Putzo §1 HTWiG Rz.17

101 Soergel-Wolf §1 HTWiG Rz 35, Ulmer WRP 1986, 445, 448, Löwe BB 1986, 821, 826, Teske ZIP 1986, 624, 633

102 Ulmer WRP 1986, 445, 450

103 Soergel-Wolf §1 HTWiG Rz 36

104 BGH NJW 1983, 868, 869, Münch-Komm-Ulmer §1 HTWiG Rz 37, Erman-Weitnauer-Klingsporn §1 HTWiG Rz.24, Teske ZIP 1986, 624, 633

105 Knauth WM 1986, 509, 514f., Ulmer WRP 1986, 445, 450, Hopt NJW 1985, 1665, 1669(zu §55 GewO)

darüber hinaus nur dann, wenn die Bestellung hinreichend gegenständlich bestimmt ist[106] und sich die mündlichen Verhandlungen dann auch innerhalb dieser Bestimmung bewegen. Im Anschluß an die überwiegende Ansicht zu §55,I GewO wird hierzu gefordert, die anzubietenden Leistungen müßten mehr oder weniger nach Art und Qualität genau bezeichnet werden[107]. Mit Recht betont demgegenüber die neuere Literatur, daß die Anforderungen an die Bestimmtheit nicht überzogen werden dürfen, sofern man diese nicht doch hinsichtlich der Voraussetzungen einem Vertragsangebot im Sinne des §145 BGB gleichstellen will[108]. Die Angabe genau bestimmter Leistungen ist vom Schutzzweck des §1 HTWiG deshalb nicht geboten, weil die Lage des bestellenden Kunden dem Besuch eines ständigen Geschäftslokals vergleichbar ist, bei dem sich der Kunde ebenfalls einem Verkaufssortiment gegenübersieht. Insbesondere wäre im Bereich der Banken, deren Angebot Kombinationen von Anlage und Finanzierung zuläßt, das darüber hinaus in seiner konkreten Ausgestaltung zahllosen Änderungen unterworfen sein kann, eine umfassende Beratung, wenn sich der Kunde noch nicht von vorneherein für eine bestimmte Alternative entschieden hat, praktisch nicht mehr möglich. Zuzustimmen ist daher der mehr wirtschaftlichen Betrachtungsweise, die es genügen läßt, wenn sich die Bestellung auf die Leistungen erstreckt, mit denen der Kunde bei einem Anbieter innerhalb dessen Gewerbezweiges typischerweise rechnen kann. Andererseits muß der Äußerung des Kunden nicht nur ein allgemeines Interesse, sich zunächst unverbindlich über die Art des Angebots oder den Preis zu unterrichten, sondern auch die klare und eindeutige Aufforderung, in Vertragsverhandlungen einzutreten, zu entnehmen sein[109].

Fraglich ist schließlich, ob eine vorhergehende Bestellung ausdrücklich erfolgen muß oder ob sie auch konkludent erfolgen kann. Die überwiegende Meinung läßt wie im Rahmen der Praxis zu §55,I GewO konkludente Bestellungen zu[110]. Dieser Ansicht ist Ulmer im Hinblick auf den Wortlaut des Art.1,I der entsprechenden EG-Richtlinie für Haustürgeschäfte[111], die eine ausdrückliche Bestellung fordert, entgegengetreten[112]. Die Richtlinie verlange

---

[106] Palandt-Putzo §1 HTWiG Rz.17, Soergel-Wolf §1 HTWiG Rz 36

[107] OLG Karlsruhe BB 1988, 1072, 1073, Erman-Weitnauer-Klingsporn §1 HTWiG Rz.29, Löwe BB 1986, 821, 827

[108] Münch-Komm-Ulmer §1 HTWiG Rz 41, Hadding-Häuser WM 1984, 1413, 1418, Gilles NJW 1986, 1135, 1142, Teske ZIP 1986, 624, 633f., Knauth WM 1986, 509, 515, Goller GewA 1986, 73, 76

[109] BGH WM 1990, 687, 688, Gilles NJW 1986, 1135, 1142

[110] Soergel-Wolf §1 HTWiG Rz.36, Gilles NJW 1986, 1135, 1142, Löwe BB 1986, 821, 827, Palandt-Putzo §1 HTWiG Rz.17

[111] Abl.EG L 372, 31 v.31.12.85

[112] Ulmer WRP 1986, 445, 449, ders.in:Münch-Komm Vor §1 HTWiG Rz.17, §1 HTWiG Rz.44, ihm folgend Erman-Weitnauer-Klingsporn §1 HTWiG Rz 27, Klauss/Ose §1 HTWiG Rz.176

als Auslegungsmaßstab auch für das innerstaatliche Recht eine gemeinschaftskonforme Auslegung. Diese Ansicht Ulmers widerspricht zunächst eindeutig dem in der Gesetzesbegründung zum Ausdruck gekommenen Willen des Gesetzgebers, für die Auslegung an §55,I GewO anzuknüpfen, für den unbestritten eine Gleichbehandlung von ausdrücklichem und konkludentem Verhalten gilt. Die vorhergehende Bestellung ist zwar keine Willenserklärung, doch können deren Grundsätze insoweit entsprechend herangezogen werden. Die Ansicht Ulmers läuft damit aber auch einem grundsätzlichen Prinzip des Zivilrechts zuwider, demzufolge ausdrückliches und konkludentes Erklärungsverhalten gleichsteht[113]. Auch dort, wo das Gesetz ausdrückliche Erklärungen verlangt (§244,I,§700,II BGB) , wird damit lediglich die Eindeutigkeit der Erklärung gefordert, nicht aber die gemeinrechtliche und für das BGB aufgegebene Trennung konkludenten und ausdrücklichen Verhaltens wiederaufgenommen[114]. Angesichts dieses Befundes könnte man der Ansicht Ulmers nur zustimmen, wenn sich dem EG-Recht die von ihm angenommene Auslegung zwingend entnehmen ließe. Dies ist jedoch nicht der Fall. So ergibt sich aus der Entstehungsgeschichte der EG-Richtlinie, daß dort keineswegs von Anfang an konkludente Erklärungen ausgeschlossen waren[115], die entsprechende Passage wurde vielmehr erst nach Beratung durch das Europäische Parlament, den Wirtschafts- und den Rechtsausschuß, die eine entsprechende Änderung nicht vorsahen, im Zuge einer Überarbeitung des Entwurfs für die sich länger hinziehende Beschlußfassung des Rates eingefügt[116]. Darüber hinaus spricht auch gegen die von Ulmer in Anspruch genommene gemeinschaftskonforme Auslegung, daß eine Richtlinie des Europäischen Rechts nicht ohne weiteres unmittelbar im innerstaatlichen Recht anwendbar ist, und nationales Recht nicht unter Rückgriff auf eine Richtlinie übergangen werden kann[117], soll eine rechtsstaatlich inakzeptable Formenverwischung vermieden werden. Art.189,III EWGV überläßt den innerstaatlichen Stellen der Mitgliedstaaten die Wahl der Form und der Mittel der Umsetzung einer Richtlinie, die demzufolge keine grundsätzliche unmittelbare Anwendung bewirkt. Der EuGH hat ist zwar in seiner Rechtsprechung über den Wortlaut des Art.189 EWGV hinweggegangen und hat betont, es könne nicht ausgeschlossen werden, daß Richtlinien unmittelbare Wirkungen erlangen könnten[118]. Dies sei dann möglich, wenn ein Mitgliedstaat eine Richtlinie nicht,

---

113 Larenz AT S.358, Münch-Komm-Kramer vor §116 Rz.22, Staudinger-Dilcher vor §§116-144 Rz.13

114 RGZ 138, 52, 54, Flume §5, 1, Staudinger-Dilcher vor §§116-144 Rz.13

115 Entwurf Abl.EG C 22, 1977/6: Ausschluß des Widerrufsrechts, wenn Besuch auf ausschließliche Initiative des Verbrauchers erfolgte

116 vgl.zur Entstehungsgeschichte der Richtlinie Gilles NJW 1986, 1135

117 Bleckmann, Europarecht S.267, Oppermann, Europarecht S.179

118 EuGHE 1974, 1337, 1348f., EuGHE 1987, 3969, 3985

nicht fristgerecht oder nur unzulänglich in innerstaatliches Recht umsetze[119]. Das Gericht hat aber auch ausdrücklich betont, daß dies nicht der Regelfall sei, sondern sich auf echte Ausnahmen beschränke[120]. Insbesondere bedürfe es dazu einer hinreichenden Bestimmtheit der Richtlinie, durch die dem innerstaatlichen Recht unzweideutige Vorgaben gesetzt würden[121]. Eine dahingehende Bestimmtheit der fraglichen EG-Richtlinie für Haustürgeschäfte in Bezug auf die Bestellung besteht jedoch, wie anhand der Entstehungsgeschichte belegt wurde, nicht. Dann aber kann eine Richtlinie kein imperatives, die anderen Auslegungsregeln überspielendes Interpretationsgebot darstellen[122]. Diese Zweifel verstärken sich, wenn man bedenkt, daß sich Ulmers Vorschlag angesichts des Wortlauts in Verbindung mit der Gesetzesbegründung von §1,II Nr.1 HTWiG gar nicht mehr im Bereich der Auslegung befinden dürfte, sondern der Norm vielmehr einen neuartigen Sinn verleiht. Der Ansicht Ulmers kann daher nicht gefolgt werden, konkludente Bestellungen sind somit prinzipiell zuzulassen.

Bestrebungen der werbenden Wirtschaft, den Kunden zur Abgabe von Bestellungen zu veranlassen, um auf diese Weise das Entstehen eines Widerrufsrechts zu vermeiden, treten Rechtsprechung und Schrifttum wie schon im Rahmen des §55,I GewO mit der Figur der "provozierten Bestellung" entgegen[123]. Wo eine solche vorliegt, ist den Anforderungen des §1,II Nr.1 HTWiG nicht genüge getan, so daß dem Kunden nach wie vor das Widerrufsrecht offensteht. Kennzeichen einer "provozierten Bestellung" ist, daß die Initiative letztlich nicht vom Kunden, sondern von der anderen Partei ausgeht. Der Verbraucher ist im Zeitpunkt der Abgabe der Bestellung bereits einer Situation ausgesetzt, in der seine Entschließungsfreiheit schon fühlbar beeinträchtigt ist. Diese Voraussetzungen sind etwa für den Fall zu bejahen, daß der Werbende die Abgabe der Bestellung anläßlich eines Telefonanrufes, der seinerseits belästigend ist, erreicht[124]. Dies gilt insbesondere bei einem unverlangten oder zu anderen Zwecken verlangten Telefonanruf, aber auch, wenn er im Anschluß an die Antwort auf eine Werbewurfsendung oder -postkarte erfolgt. Die Gegenansicht, die vorhergehende Bestellungen auf telefonischen Anruf

---

119 EuGHE 1987, 3969, 3985, Everling DVBl.1985, 1201, 1203, Jarass, NJW 1990, 2420, 2422

120 EuGHE 1980, 1473, 1487

121 EuGHE 1986, 3855, 3875, Oppermann, Europarecht, S.179

122 Di Fabio, NJW 1990, 947, 953

123 Staudinger-Hopt-Mülbert §607 Rz 307, Ulmer WRP 1986, 445, 451, Knauth WM 1986, 509, 514, Teske ZIP 1986, 624, 633, Löwe BB 1986, 821, 827

124 grundsätzl.h.M., jedoch z.T.mit unterschiedlichem Ansatz, vgl.BGH MDR 1990, 237=NJW 1989, 584, 585, OLG Hamburg NJW-RR 1988, 1326, 1327, LG Aschaffenburg BB 1987, 1068, 1069, Erman-Weitnauer-Klingsporn §1 HTWiG Rz.25, Münch-Komm-Ulmer §1 HTWiG Rz.46, Knauth WM 1986, 509, 514, Löwe BB 1986, 821, 827

des Gewerbetreibenden als wirksam ansieht[125], übersieht die mit dem Telefonanruf bereits eingetretene Gefährdung der Entschließungsfreiheit des Kunden und engt den Schutz des HTWiG in nicht mit dem Normzweck vereinbarer Weise ein. Eine provozierte Bestellung liegt ebenso vor in den Fällen, in denen mit der Zusendung erbetenen Informationsmaterials der Besuch eines Vertreters angekündigt wird, ferner bei Ausübung schlichten psychologischen Zwangs. Nicht zu folgen ist dagegen weitergehenden Ansichten in Literatur und Rechtsprechung, daß bereits durch übliche Werbeaktionen herkömmlicher Art ausgelöste Bestellungen "provoziert" sein können[126]. Hiergegen spricht bereits, daß dann wohl §1,II Nr.1 HTWiG angesichts des bestehenden Ausmaßes an Werbung herkömmlicher Art kaum mehr einen Anwendungsbereich hätte.

c) Rückabwicklung bei Ausübung des Widerrufs

Sind die tatbestandlichen Voraussetzungen des §1,I Nr.1 HTWiG erfüllt, so kann der Kunde ein Wirksamwerden des Vertrages durch Ausübung seines auf eine Woche befristeten Widerrufsrechts verhindern. Wie beim Vorbild des früheren Abzahlungsgesetzes genügt gemäß §2,I,1 HTWiG zur Fristwahrung die rechtzeitige Absendung des Widerrufes. Wie bereits erwähnt wird der Lauf der Frist erst in Gang gesetzt, wenn dem Kunden eine von ihm unterschriebene Belehrung über das Widerrufsrecht ausgehändigt worden ist, anderenfalls erlischt das Widerrufsrecht erst einen Monat nach beiderseits vollständiger Leistungserbringung. Bei Krediten dürfte diese Regelung wie im Bereich des §1b,II AbzG bedeuten, daß der Kunde noch einen Monat nach der letzten Tilgungsrate widerrufen kann[127]. Entsprechendes gilt auch für langfristige Sparverträge mit Ratensparleistungen, die in solchen Fällen noch einen Monat nach Erbringung der letzten Vertragsleistung widerrufen werden können. Als Rechtsfolge des Widerrufes sind nach §3,I HTWiG die empfangenen Leistungen zurückzugewähren; gemäß §3,III HTWiG hat der Kunde für die Überlassung des Gebrauchs einer Sache sowie für sonstige Leistungen bis zum Zeitpunkt der Ausübung des Widerrufsrechts deren Wert zu vergüten, dieser Wert bestimmt sich nach der Vorstellung des Gesetzgebers nach bereicherungsrechtlichen Grundsätzen[128]. Noch in den Rückabwicklungsvorschriften ist damit die grundsätzliche Zielsetzung des Gesetzes verwirklicht, die

---

[125] LG Baden-Baden BB 1987, 1066, Ose BB 1987, 1069, 1070, Gaul BB 1988, 1144, 1145

[126] so jedenfalls der Tendenz nach Gilles, NJW 1986, 1142, OLG Stuttgart JZ 1986, 1116, 1117, wie hier BGH WM 1985, 1437, 1438, Staudinger-Hopt-Mülbert §607 Rz 307, Ulmer WRP 1986, 445, 451, Löwe BB 1986, 821, 827

[127] Knauth WM 1987, 517, 519, Staudinger-Hopt-Mülbert Vorbem zu §607 Rz 469

[128] BR-Begr BT-Drucks 10/2876 S.14(mit Verweis auf §818, II)

Entscheidungsfreiheit des Kunden zu schützen, und zwar auch noch nach Leistungsempfang[129].

Die Regelungen zur Rückabwicklung berücksichtigen allerdings infolge ihrer sprachlichen Anlehnung an den früheren §1d AbzG, der seinerseits nur auf Kaufverträge zugeschnitten war, die Besonderheiten von Bankgeschäften nur unzureichend. Schwierigkeiten bereitet zum einen die sinnvolle Einordnung der Wirkungen des Widerrufsrechtes in ein Dauerschuldverhältnis. Zum anderen ergeben sich Unzulänglichkeiten innerhalb der Rückabwicklungsvorschriften, insbesondere dem Wertersatz nach Bereicherungsrecht.

Um den daraus entstehenden Unwägbarkeiten von vorneherein zu entgehen, besteht außerhalb des Kreditgewerbes die Möglichkeit, die Leistung bis zum Ablauf einer Woche zurückzustellen und so die Entscheidung des Kunden über die Endgültigkeit des Geschäfts abzuwarten. Da der Vertrag bis zum Fristablauf schwebend unwirksam ist, kann auch tatsächlich keine Seite vor Fristablauf Erfüllungsansprüche geltend machen[130]. Ein solches Vorgehen erweist sich jedoch für eine Bank in der Vielzahl der Fälle als unmögich, in denen die sofortige Ausführung des Geschäfts unverzichtbar ist. Dazu gehören etwa Wertpapiergeschäfte sowie Überweisungen und Scheckeinlösungen.

Bei der Einzelbetrachtung der Auswirkungen von Widerrufsrecht und Rückabwicklungsregelung kann sich die Darstellung auf die für die Praxis bedeutsamsten Bankgeschäfte konzentrieren. Im Direktvertrieb angeboten werden dürften durch die Bank vorrangig solche Geschäfte, die unmittelbar ertragsfördernd sind, so etwa Kredite einschließlich der mit ihnen verbundenen Kredtitsicherungsverträge sowie Wertpapiergeschäfte, dazu noch solche Bankgeschäfte, die zur Mittelbeschaffung für die Kreditvergabe erforderlich sind, nämlich Spareinlagen, insbesondere langfristige Sparverträge mit Ratensparverpflichtung[131].

Daß Darlehensgeschäfte trotz des Verbotes in §56,I Nr.6 GewO infolge mündlicher Verhandlungen bei einem Hausbesuch auftreten können, wurde bereits erwähnt. Übt der Kunde bis zum Ablauf der Widerrufsfrist, die bei unterbliebener Belehrung über das Widerrufsrecht noch bis nach Zahlung der letzten Kreditrate andauern kann (§2,I HTWiG), sein Widerrufsrecht aus, so hat er nach §3,I HTWiG die empfangene Leistung zurückzugewähren. Da es sich bei der Auszahlung von Darlehensmitteln um echte Geldschulden han-

---

129 BR-Begr.BT-Drucks.10/2876, S.13, Münch-Komm-Ulmer §3 HTWiG Rz.1, Palandt-Putzo Vor §1 HTWiG Rz.2

130 Münch-Komm-Ulmer §1 HTWiG Rz 6, Palandt-Putzo §1 HTWiG Rz.4, Soergel-Wolf §1 HTWiG Rz 27

131 vgl.darüber hinaus gehend Knauth WM 1987 517, 520f.mit Problematisierung des Allgemeinen Bankvertrages und des Girovertrages

delt, ist der Nominalbetrag des Darlehens zurückzuerstatten. Der Kunde kann sich nicht auf die Unmöglichkeit der Herausgabe gemäß §3,I,3 bzw.,§3,II HTWiG berufen, auch wenn die tatsächlich empfangenen Geldzeichen nicht mehr bei ihm vorhanden sind[132]. Für die Überlassung des Betrages schuldet der Kunde gemäß §3,III HTWiG für die Zeit bis zur Ausübung des Widerrufsrechts Wertersatz, dessen Höhe sich nach bereicherungsrechtlichen Grundsätzen bestimmt[133]. Der Wert einer Kreditüberlassung im Sinne des §818,II BGB besteht besteht regelmäßig in der üblichen Vergütung[134], so daß die Bank in der Regel für die Zeit bis zum Widerruf die marktüblichen Zinsen erhalten kann. Dieses Ergebnis ist in Rechtsprechung und Literatur auf Kritik gestoßen[135], weil ein Kreditinstitut auf diese Weise in jedem Falle, auch bei Ausübung des Widerrufsrechts durch den Kunden, den marktüblichen Zins erhalte und daher geneigt sein könne, auf Widerrufsbelehrungen bewußt zu verzichten. Zum Schutz des Kunden wird daher vorgeschlagen, vom Grundsatz der Zahlung der üblichen Vergütung in denjenigen Fällen abzuweichen, in denen das Vermögen des Kreditnehmers durch die Leistung der anderen Partei nicht oder nicht in der Höhe ihres objektiven Wertes vermehrt worden ist. Dem Kunden sei dann vielmehr die Berufung auf den Wegfall der Bereicherung entsprechend §818,III BGB zu gestatten. Die übliche Vergütung schulde er nur, wenn sein Vermögen in Höhe des objektiven Werts der Leistung erhöht ist, insbesondere wenn er die Leistungen in Anspruch genommen und sonstige Aufwendungen erspart hat[136]. Eine einschränkende Ansicht will demgegenüber eine Wertvergütungspflicht des Kunden durch Anwendung des §817,II BGB nur dann ausschließen, wenn er zur Abgabe seiner Willenserklärung durch massiven Druck, unwahre Behauptungen etc. verleitet wurde und die Widerrufsbelehrung unterblieb, weil der Außendienstmitarbeiter oder Vermittler befürchtete, der Kunde werde bei Kenntnis dieses Rechts nach ruhigem Überlegen den Widerruf aussprechen[137]. Diese Ansicht berücksichtigt allerdings nur unzureichend, daß das HTWiG seinen Zweck, die Entschließungsfreiheit des Kunden zu sichern, nicht nur in der Gewährung des Widerrufsrechts selbst, sondern auch in der Ausgestaltung der dem Kunden günstigen Rückabwicklungsvorschriften verwirklicht. Vor diesem Hintergrund erweist sich die Einschränkung auf die Anwendung des §817,II BGB als zu

---

132 Münch-Komm-Ulmer §3 Rz 8

133 BR-Begr BT-Drucks.10/2876 S.14

134 Staudinger-Lorenz §818 Rz 26, Palandt-Thomas §818 Rz.19

135 OLG Düsseldorf WM 1991, 1998, 2001, Münch-Komm-Ulmer §3 HTWiG Rz 14, Gilles NJW 1986, 1135, 1143f.

136 Ulmer WRP 1986, 445, 452, ähnlich Erman-Weitnauer-Klingsporn §3 HTWiG Rz.4

137 vgl.Knauth WM 1987, 517, 523

eng[138]. Der Gesetzgeber hat mit seinem Verweis auf §818,II BGB in der Gesetzesbegründung nur die für die Wertersatzpflicht maßgebliche Norm herausgegriffen und im übrigen betont, einer gesetzlichen Regelung bedürfe es nicht[139]. Die Anwendung des §818,III BGB stellt daher die dem Schutzzweck des Gesetzes und den Intentionen des Gesetzgebers angemessenere Lösung dar. Die Belehrung über den Widerruf, die die Widerrufsfrist erst in Gang setzt, erweist sich daher nicht nur für den Bestand sondern unter Umständen auch für den Ertrag aus dem Kreditgeschäft als unverzichtbar.

Im Bereich des Einlagengeschäfts wird die Bank bei Hausbesuchen den Kunden vorzugsweise zu langfristigen Spareinlagen, die für sie auch eine günstige Refinanzierungsquelle sind, bewegen wollen. Dazu kommen insbesondere für eine langfristige Laufzeit abgeschlossene Ratensparverträge in Betracht[140]. Zur rechtlichen Qualifikation stellt die herrschende Meinung auf den Fälligkeitszeitpunkt der angelegten Gelder und im Zusammenhang damit auf das unmittelbare Eigeninteresse der Bank an deren Hereinnahme ab, womit Spareinlagen als Darlehen im Sinne des §607 BGB anzusehen sind[141]. Einen unter den Umständen des §1,I HTWiG geschlossenen Vertrag über eine Spareinlage kann der Kunde widerrufen und Rückzahlung der eingezahlten Beträge verlangen. Für deren Überlassung steht ihm zwar nicht der vertragsmäßige Zins, wohl aber ein Wertersatz nach bereicherungsrechtlichen Grundsätzen gemäß §3,III HTWiG, also eine marktübliche Vergütung zu. Ein Rückzahlungsverweigerungsrecht der Bank aufgrund der gesetzlichen Kündigungsfristen für Spareinlagen (§22 KWG) besteht ebensowenig wie eine Vorschußzinspflicht nach §22,III KWG, da eine Spareinlage aufgrund der schwebenden Unwirksamkeit des Haustürgeschäfts bis zum Widerruf gar nicht bestand[142].

Als besonders problematisch angesehen wurden die Rechtsfolgen des HTWiG seit jeher im Bereich des Wertpapiergeschäfts der Kreditinstitute. Kommt es in einer das Widerrufsrecht gemäß §1,I HTWiG begründenden Situation zum Abschluß eines Wertpapierkaufes oder Verkaufes, den die Bank regelmäßig nach Nr.29,I AGB-Banken als Kommissionär mit Selbsteintrittsrecht (§§400ff.HGB) abschließt, so kann der Kunde dieses innerhalb der Widerrufsfrist von mindestens einer Woche widerrufen. Die Bank kann nicht den Ablauf der Frist abwarten, ehe sie leistet, da das Effektengeschäft von Natur aus auf direkte Abwicklung gerichtet ist, so daß das Geschäft regelmäßig in-

---

138 dies räumt Knauth a.a.O.auch ein, wenn er seinen Vorschlag als "Lösung für Extremfälle" bezeichnet

139 BR-Begr BT-Drucks.10/2876, S.14

140 vgl.von Hippel, Verbraucherschutz, S.243

141 BGHZ 64, 278, 284, BGH WM 1965, 897, 899f., Canaris BankvertrR Rz 1164, Staudinger-Hopt-Mülbert Vorbem zu §607 Rz 31, Palandt-Putzo vor§607 Rz.17, aA Schütz JZ 1964, 91, 92

142 Knauth WM 1987, 517, 524

nerhalb zweier Börsentage ausgeführt wird[143]. Während bei den dem HTWiG verwandten Sonderregelungen der §§11,IV des Gesetzes über den Vertrieb ausländischer Investmenstanteile (AuslInvG) und dem §23,IV des Kapitalanlagegesellschaften-gesetzes (KAGG) der Kunde bei Ausübung des Widerrufes gegen Rückgabe der gekauften Investmentanteile die Rückgewähr des Betrages beanspruchen kann, der dem Wert der bezahlten Anteile am Tag nach Eingang der Widerrufserklärung entspricht, ist gemäß §3,I HTWiG der Kaufpreis der Wertpapiere unabhängig von deren Kursentwicklung bis zum Widerruf zurückzugewähren. Diese Regelung berücksichtigt im Gegensatz zu §§11,IV AuslInvG,23,IV KAGG die Besonderheiten kursabhängiger Wertpapiere nicht, so daß der Kunde nach Abschluß des Wertpapierkaufes die Kursentwicklung innerhalb der Widerrufsfrist abwarten kann, um bei einem ihm ungünstigen Kursverlauf durch Widerruf Rückabwicklung zu den Einstandsbedingungen von der Bank zu erlangen. Diese dem Kunden eingeräumte Möglichkeit, auf Kosten der Bank Spekulationsgeschäfte zu tätigen, läuft dem gesetzgeberischen Anliegen des Verbraucherschutzes ersichtlich zuwider. Wie sich dem Hinweis auf die erwähnten Sonderregelungen in der Gesetzesbegründung[144] sowie in §5,II des Gesetzes selbst entnehmen läßt, hat der Gesetzgeber die Problematik gesehen, sich aber trotz Intervention des zentralen Kreditausschusses bei Ausarbeitung der Norm nicht entschließen können, die Kursabhängigkeit von Wertpapieren adäquat berücksichtigenden Rückabwicklungsvorschriften der §11,IV AuslInvG,23,IV KAGG in den §3 HTWiG aufzunehmen. Das Gesetz ist denn auch in dieser Hinsicht in der Literatur einhellig kritisiert worden[145]. Es erhebt sich die Frage, ob und gegebenenfalls wie das sinnwidrige Ergebnis de lege lata zu korrigieren ist. Es ist vorgeschlagen worden, bei einem Mißbrauch des Widerrufsrechts Verwirkung gemäß §242 BGB anzunehmen[146]. Das Widerrufsrecht sei dem Kunden nicht gänzlich zu verwehren, jedoch obliege es ihm beim Gefühl der Überrumpelung, das Geschäft unverzüglich zu widerrufen. Diese Obliegenheit sei einerseits aus dem Rechtsgedanken des §254 BGB, andererseits aus der Tatsache zu rechtfertigen, daß der Kunde auch sonst aufgrund des spekulativen Charakters des Wertpapiergeschäftes eine schnelle Ausführung von Wertpapiergeschäften erwarte(vgl. §405,III HGB) [147]. So besage auch Nr.32 der AGB-Banken, daß Einsprüche gegen Auszüge und Abrechnungen unverzüglich zu erheben seien. Die unverzügliche Rückabwicklung entspreche auch den Erfordernissen der Verkehrseigenheiten des Effektengeschäfts, die auf einem gegenseitigen Ver-

---

[143] Schlaus ZHR 151(1987) , 180, 190, Knauth WM 1987, 517, 525

[144] BR-Begr BT-Drucks 10/2876, S.14

[145] Gilles NJW 1986, 1131, 1147, Knauth WM 1987, 517, 524, Löwe BB 1986, 821, 829ff.

[146] Knauth WM 1987, 517, 525

[147] vgl.Canaris Bankvertragsrecht Rz.1922, Schlegelberger-Hefermehl §406 Anh.Rz.56, 62

trauensverhältnis beruhten. Eine andere Ansicht befürwortet dagegen jedenfalls bei ordnungsgemäßer Widerrufsbelehrung die analoge Anwendung der §11,IV AuslInvG,§23,IV KAGG[148].

Bei der Prüfung des zuvor geschilderten Vorschlags des Verwirkungseinwandes ist zunächst zu berücksichtigen, daß die Anzahl der einschlägigen Vorfälle in der Praxis gering sein dürfte[149]. Das Widerrufsrecht bestünde nämlich nur in den seltenen Fällen, in denen der Kunde weder von sich aus Weisung zum An- bzw. Verkauf gab noch der Beratung durch die Bank bei einem Hausbesuch ein als vorherige Bestellung im Sinne des §1,II Nr.1 HTWiG zu qualifizierender Auftrag des Kunden zugrunde lag, der Berater also ganz aus eigenem Antrieb und ohne Anstoß durch den Kunden tätig wurde. Ihre Bedeutung reduziert sich weiter, wenn man, wie noch zu entwickeln sein wird, die Möglichkeiten der erleichternden Handhabung vorhergehender Bestellungen in einer laufenden Geschäftsbeziehung zuläßt. Damit aber bleiben nur Fälle übrig, in denen der spekulativ denkende Kunde von dem Hausbesuch gleichsam "angenehm" überrascht wird.

Für diese geringe Anzahl von Fällen die grundsätzliche Einführung einer im Gesetz nicht vorgesehenen Obliegenheit des Kunden zu unverzüglichem Widerruf zu verlangen, erscheint daher nicht erforderlich. Hierdurch würden nicht nur durch eine rechtliche Regelung, die dem Verbraucher eine stärkere Stellung und mehr Sicherheit bei Haustürgeschäften verschaffen soll, intensivere Pflichten als sonst im Rechtsverkehr auferlegt. Auch die einwöchige Frist des §1,I Nr.1 HTWiG wäre nahezu ausgehöhlt. Diese aber soll dem Kunden als Bedenkzeit nach dem Willen des Gesetzgebers gerade in vollem Umfang unverkürzt zustehen (arg.§2,I,1 HTWiG) [150]. Auch erscheint die Einordnung in die Fallgruppe der Verwirkung, die grundsätzlich einen gewissen Zeitablauf voraussetzt[151], wegen der regelmäßig knappen Widerrufsfrist des §1 HTWiG nicht unproblematisch. Es ist daher zu erwägen, ob dem zweiten Vorschlag der Analogie zu den §§11,IV AuslInvG,23,IV KAGG der Vorzug zukommen kann. Für eine Analogie wäre im vorliegenden Falle an eine "verdeckte Lücke" im HTWiG zu denken, bei der sich die gesetzliche Regelung für eine bestimmte Gruppe von Fällen als unpassend erweist[152]. Eine solche Lücke setzte jedoch voraus, daß sie "planwidrig" ist unter Beurteilung anhand des dem Gesetz zugrunde liegenden Regelungsplanes, der im Wege der

---

148 Schwenzer JA 1989, 505, 508

149 so zu Recht Ulmer WRP 1986, 445, 450, allerdings im Zusammenhang der Berücksichtigung telefonischer Geschäfte

150 vgl.BR-Begr.BT-Drucks.10/2876, S.13

151 Soergel-Knopp §242 Rz 289

152 Larenz, Methodenlehre S.362

Auslegung zu ermitteln ist[153]. Die historische sowie die systematische Auslegung ergibt jedoch für den Bereich des HTWiG, daß eine planwidrige Lücke nicht vorliegt und damit die Möglichkeit einer Analogie ausscheidet. Sowohl der Wortlaut des §5,II HTWiG, der es für die Fälle der §11 AuslInvG und §23 KAGG bei deren Regelung bewenden läßt und den Geltungsbereich des HTWiG insoweit zurücknimmt, als auch die Gesetzesbegründung[154] lassen vielmehr erkennen, daß der Gesetzgeber die Investmentvorschriften und insbesondere deren Rückabwicklungsregelungen gesehen und auf eine Übernahme in das HTWiG gleichwohl verzichtet hat. Der Ermöglichung von Spekulationsgeschäften, die dem eigentlichen Gesetzeszweck, dem Schutz der Entscheidungsfreiheit des Kunden[155], erkennbar zuwiderläuft, ist stattdessen durch eine entsprechende teleologische Reduktion[156] des §1,I HTWiG um diese Fallgruppe zu begegnen. Der Bank ist daher der Gegenbeweis zu gestatten, daß eine Überrumpelung des widerrufenden Kunden in der Tat nicht vorlag und diesem ein Widerruf aus §1,I Nr.1 HTWiG somit nicht zusteht.

2. Beschränkungen der Möglichkeit von Werbung durch Kreditinstitute durch die Vorschriften der Gewerbeordnung

Schließen die Kreditinstitute Bankgeschäfte außerhalb ihrer Geschäftsstellen durch ihre Mitarbeiter in den Privatwohnungen der Kunden ab, so kann diese Tätigkeit bestimmten öffentlich-rechtlichen Beschränkungen unterliegen. Diese ergeben sich insbesondere aus den Vorschriften des III. Titels der GewO, der sich mit dem Reisegewerbe befaßt.

Während der ursprüngliche Gesetzgeber dieser Vorschriften dem Reisegewerbe wegen dessen mangelnder Ortsfestigkeit mit erhöhtem Mißtrauen begegnete, war die jüngste größere Novelle zur GewO[157] ausweislich der Begründung von der Erkenntnis geleitet, daß es sich bei dem heute in erster Linie von den Vorschriften betroffenen Direktvertrieb um einen seriösen Wirtschaftszweig mit beachtlicher Wirtschaftskraft handele[158]. Mit der Novelle des III.Titels zum 1.10.1984 wurde daher der Anwendungsbereich der Vor-

---

[153] Larenz, Methodenlehre S.358, in der Definition weitergehend Canaris, Die Feststellung von Lücken im Gesetz, S.39

[154] BR-Begr BT-Drucks 10/2876, S.14

[155] BR-Begr BT-Drucks 10/2876, S.1, 7, 9

[156] Larenz, Methodenlehre S.377

[157] Gesetz zur Änderung des Titels III der GewO und anderer gewerberechtlicher Vorschriften vom 25.7.84, BGBl.I, S.1008

[158] Begr.BT-Drucks.10/1125 S.11

schriften durch die Präzisierung der Legaldefinition des Reisegewerbes in §55,I GewO sowie der Einführung von Bereichsausnahmen modifiziert.

Für die Kreditwirtschaft stand bisher im Mittelpunkt der für sie relevanten gewerberechtlichen Vorschriften das Verbot von Darlehensgeschäften im Reisegewerbe in §56,I Nr.6 GewO a.F. Diese Verbot war nicht nur objektivrechtlich statuiert, sondern auch durch §145,II Nr.1 bußgeldbewehrt. Darüber hinaus aber hielt der BGH Darlehensgeschäfte, die unter Verstoß gegen das Verbot des §56,I Nr.6 GewO abgeschlossen worden waren, nach §134 BGB für nichtig[159]. Mit der Einführung des VerbrKrG zum 1.1.1991 wurde in dessen Art.8 der §56,I Nr.6 GewO dahin geändert, daß nur noch die Vermittlung, nicht mehr aber der Abschluß von Darlehensgeschäften verboten ist.

Die Bedeutung der gewerberechtlichen Vorschriften beschränkt sich daher im Hinblick auf nach dem 1.1.1991 geschlossene Verträge für die Kreditwirtschaft auf die in §55,II GewO angeordnete Erlaubnispflicht sowie die verbliebenen Verbote in §56 GewO, die allerdings jetzt nur noch einen geringen Teil des Geschäfts betreffen.

Die Legaldefinition des Reisegewerbes in §55,I GewO ist insofern in zweifacher Weise bedeutsam. Zum einen bestimmt sie die Voraussetzungen für das Erfordernis einer behördlichen Erlaubnis (Reisegewerbekarte) gemäß §55,II GewO für die im Reisegewerbe tätigen Personen, andererseits ist das Vorliegen einer Tätigkeit im Reisegewerbe tatbestandliche Voraussetzung der Verbote von Wertpapier-, Edelmetallgeschäften und der Vermittlung von Darlehensgeschäften in §56,I GewO. Dieser Begriff bedarf daher zunächst der Konkretisierung.

d) Tätigwerden im Reisegewerbe

Nach der Vorschrift des §55,I betreibt insbesondere ein Reisegewerbe, wer gewerbsmäßig ohne vorherige Bestellung außerhalb seiner gewerblichen Niederlassung selbständig oder unselbständig in eigener Person Waren feilbietet oder Bestellungen aufsucht (vertreibt) oder ankauft, Leistungen anbietet oder Bestellungen auf Leistungen aufsucht.

(1) Tatbestandsvoraussetzungen des §55,I GewO

Gewerbsmäßiges Handeln setzt auch im Reisegewerbe eine fortgesetzt in Wiederholungsabsicht ausgeübte Tätigkeit voraus[160]. Diese muß sich über das nach §1,I,1 KWG bei Kreditinstituten begriffsnotwendige gewerbsmäßige

---

[159] BGHZ 71, 358, 360ff.

[160] Landmann-Rohmer-Schönleiter §55 Rz.10, Friauf-Stober §55 Rz.2

Handeln hinaus gerade auf das Tätigwerden außerhalb der ständigen Niederlassung richten. Dazu genügt es nicht, daß Bank nur gelegentlich einmal außerhalb ihrer Geschäftsräume mit einem Kunden verhandelt[161]. Solche Verhandlungen müssen vielmehr mit einer gewissen Regelmäßigkeit gegenüber einem größeren Kundenkreis durchgeführt werden. Ein Reisegewerbe kann darüber hinaus nur in eigener Person ausgeübt werden. Hieraus folgt, daß jeweils nur der für das Kreditinstitut handelnde Mitarbeiter im Reisegewerbe tätig wird, niemals aber die Bank selbst, da diese nicht in der Lage ist, ein Gewerbe in eigener Person zu betreiben[162]. Die jetzige Formulierung des §55,I GewO stellt klar, daß es für das Merkmal des Handelns außerhalb einer gewerblichen Niederlassung unerheblich ist, ob der Gewerbetreibende im übrigen eine feste Niederlassung besitzt oder nicht. Damit sind auch Inhaber eines sog. stehenden Gewerbes an die für das Reisegewerbe vorgesehenen Beschränkungen gebunden[163]. Da das Gesetz alternativ auf selbständiges oder unselbständiges Tätigwerden abstellt, zählt auch der Firmenaußendienst eines Unternehmens mit im übrigen fester Niederlassung zum Reisegewerbe[164]. Von den in §55,I Nr.1 GewO aufgezählten Handlungen dürfte das Merkmal des Feilbietens/Anbietens für die Kreditwirtschaft von nur geringer Bedeutung sein, da dies den Willen und die Fähigkeit des Anbieters voraussetzt, nicht nur den Vertrag abzuschließen, sondern auch, daß die Ware zur sofortigen Übergabe bei Kaufabschluß bereitgehalten wird[165]. Die unmittelbare Aushändigung von Wertpapieren oder Edelmetallen im Zuge eines Geschäfts an der Haustür dürfte jedoch schon aus versicherungstechnischen Gründen kaum praktische Relevanz erhalten.

Einschlägig sein kann demgegenüber das Tatbestandsmerkmal des Aufsuchens von Bestellungen. Darunter zu verstehen ist das Bemühen, Verträge über die Lieferung von Waren bzw. Leistungen abzuschließen[166]. Seiner Wortbedeutung nach bezieht es sich auf Handlungen, die auf den Abschluß des Vertrages an Ort und Stelle abzielen. Bloße Informations- und Werbebesuche werden demzufolge noch nicht erfaßt[167]. Allerdings betont die herrschende Meinung in der Literatur, daß sich der Werber dazu auf die Anpreisung des Angebots beschränken und jede Verhandlung über Lieferungsmög-

---

161 BGH NJW 1983, 868, 869, BGH NJW 1984, 229, Hadding-Häuser WM 1984, 1413, 1417

162 BGH WM 1982, 1429, 1431, Knauth WM 1987, 517, 518, Hadding-Häuser WM 1984, 1413, 1417

163 BGH NJW 1979, 1597f., Hadding-Häuser WM 1984, 1413, 1417

164 Landmann-Rohmer-Schönleiter §55 Rz 16

165 Sieg-Leifermann-Tettinger §55 Rz.4, Landmann-Rohmer-Schönleiter §55 Rz.34 u.51, Oehm S.63, Schlaus ZHR 151(1987), 180, 181, vgl.a.BVerwGE 22, 32, 34

166 Sieg-Leifermann-Tettinger §55 Rz 5, 8, Friauf-Stober §55 Rz.48, 56

167 Friauf-Stober §55 Rz.49, Schlaus ZHR 151(1987), 180, 181

lichkeiten vermeiden muß. Bereits unmittelbare Vorbereitungshandlungen im Hinblick auf einen Vertragsschluß reichten demgegenüber für ein "aufsuchen" aus, wenn nämlich der Werber sich nicht auf Reklame beschränkt, sondern die durch seinen Besuch gewonnenen Beziehungen zum Erlangen von Bestellungen auszunutzen sucht[168]. Beim Vertrieb von Bankleistungen, insbesondere dem Angebot von Finanzierungen und dem Wertpapierverkauf richtet sich nun gerade aber die Absicht der werbenden Bank auf den Abschluß von Geschäften, so wie umgekehrt der Kunde beim Besuch eines Bankmitarbeiters mit dessen Bereitschaft zum Abschluß rechnet. Eine Abgrenzung von bloßen Informations- und Werbegesprächen gegenüber dem "Aufsuchen von Bestellungen" erweist sich daher als unfruchtbar. Demzufolge muß beim Hausbesuch eines Bankangestellten grundsätzlich ein Tätigwerden im Reisegewerbe im Sinne des §55,I GewO angenommen werden.

(2) Nichtvorliegen einer vorhergehenden Bestellung

Das Betreiben eines Reisegewerbes nach §55,I GewO liegt nicht vor, wenn das Geschäft auf vorherige Bestellung des Kunden zustande kam. Mit diesem Tatbestandsmerkmal kommt als typisches Element des Reisegewerbes im Unterschied zum stehenden Gewerbe zum Ausdruck, daß der geschäftliche Kontakt außerhalb einer gewerblichen Niederlassung regelmäßig auf Initiative des Gewerbetreibenden zurückgeht[169]. Die Auslegung diese Begriffes hat sich ebenfalls am Schutzzweck der §§55ff. GewO, den Kunden vor übereilten und nicht genügend bedachten Vertragschlüssen zu bewahren, zu orientieren. Des Schutzes durch die gewerberechtlichen Vorschriften bedarf nicht, wer aus freien Stücken dem Gewerbebetreibenden in seine Privatwohnung bestellt, um dort Rechtsgeschäfte abzuschließen. Der insoweit einhelligen Auffassung[170] ist freilich hinzuzufügen, daß das Abstellen auf den Schutzzweck im Rahmen des §55,I GewO methodisch nicht ganz unproblematisch bleibt, da die Vorschrift innerhalb der §§55ff. GewO in unterschiedlichen Normzusammenhängen steht und etwa die Schutzzwecke der Verbotsnormen in §56,I GewO durchaus nicht als vollkommmen homogen angesehen werden können, so daß der Berücksichtigung des jeweiligen Einzelfalls besondere Bedeutung zukommt.

Da das Gesetz ähnlich wie in §1,I HTWiG allein das Tätigwerden des Gewerbetreibenden außerhalb seiner gewerblichen Niederlassung als Gefahr für die Entschließungsfreiheit des Kunden beschreibt, betont die Rechtsprechung

---

[168] BayObLG GewA 1978, 337f., Landmann-Rohmer-Vogel §55 Rz 43, Sieg-Leifermann-Tettinger §55 Rz 5, Oehm S.64, Friauf-Stober §55 Rz.49

[169] Hadding-Häuser WM 1984, 1413, 1417

[170] vgl.Hopt NJW 1985, 1665, 1669

für das wort- und sinngleiche Merkmal[171] der vorherigen Bestellung in §55,I GewO wie zu §1,II HTWiG, daß nicht die individuelle Schutzbedürftigkeit des einzelnen Kunden ausschlaggebend sei, sondern, ob das Verhalten des Gewerbetreibenden typischerweise zu Situationen führt, in denen die wirtschaftliche Entschließungsfreiheit des Kunden durch Übereilung, irreführende mündliche Angaben und zudringliches Verhalten besonders gefährdet erscheint[172]. Für die Einzelheiten der Auslegung kann daher hier auf das zu §1,II HTWiG Entwickelte verwiesen werden. Insbesondere gilt auch für §55,I GewO, daß die Bestellung dem Auftreten des Gewerbetreibenden zeitlich vorausgehen muß und daß der Gewerbetreibende sie nicht seinerseits durch Einwirkung auf die Entschließungsfreiheit durch unzulässige Mittel in Form einer "provozierten Bestellung" hervorgerufen haben darf[173]. Hinsichtlich des Inhaltes der Bestellung ist entgegen der bislang herrschenden Meinung[174], die eine weitreichende Bestimmtheit der Waren oder Leistungen bei der Bestellung in Bezug auf Art und Qualität sowie eine Festlegung von Ort und Zeit des Geschäftsabschlusses verlangt, mit einer im Vordringen befindlichen Meinung der Literatur zu berücksichtigen, daß der Kunde, der eine Bestellung ausspricht, sich naturgemäß noch nicht in einem solchem Umfang festgelegt hat. Demzufolge ist eine Bestimmung des Begriffes im Wege einer wirtschaftlichen Betrachtungsweise zu befürworten[175]. Hierdurch wird vermieden, die Anforderungen an die vorherige Bestellung in die Nähe eines Vertragsantrages im Sinne der §§145ff.BGB zu rücken, zumal sie dann im Bereich Gewerbetreibender mit beratender Tätigkeit überhaupt nicht mehr in Betracht käme. Vielmehr muß man es zur Erreichung des Gesetzeszwecks genügen lassen, daß der Besteller weiß, daß auch die anderen Waren und Leistungen, mit denen er anläßlich des Besuches konfrontiert wird zum üblichen Sortiment des Gewerbetreibenden gehören. Soweit der Kunde den Umfang des Angebots kennt, dürfte für ihn eine darauf abzielende Werbung oder Angebotsalternativen zu von ihm zunächst ins Auge gefaßten Möglichkeiten keine überrumpelnde Überraschung darstellen, die zu unbedachten Geschäftsabschlüssen führt. Wer zu einem Hausbesuch aufgefordert wird, darf folglich auch im Rahmen des §55,I GewO davon ausgehen, daß er diejenigen Leistungen anbieten kann, die der Verkehr von ihm erwartet und die deshalb das Bild des ausgeübten Berufes prägen.

---

171 BGH NJW 1989, 584, 585

172 BGH WM 1982, 1429, 1430, BGH MDR 1990, 520

173 Hopt NJW 1985, 1665, 1669f.

174 Landmann-Rohmer-Vogel §55.Rz 24, OLG Stuttgart WRP 1975, 461, 463, OLG Hamburg BB 1979, 1787, 1788, Stober JA 1981, 216, 223, ders.in: Friauf-Stober §55 Rz.20

175 Hadding-Häuser WM 1984, 1413, 1418, Schlaus ZHR 151(1987) , 180, 184, in diesem Sinne unter Anerkennung eines Rahmens, der nicht überschritten werden dürfe, wohl jetzt auch BGH NJW 1990, 1048, 1049

Im Unterschied zu §1,II HTWiG, bei dem in der Literatur wegen des Art.1,I der korrespondierenden EG-Richtlinie eine ausdrückliche Bestellung gefordert wird[176], kann bei §55,I GewO mit der einhelligen Ansicht[177] davon ausgegangen werden, daß die Bestellung nicht ausdrücklich abgegeben werden muß, eine konkludente Handlung vielmehr ausreicht, sofern sie nur den Wunsch nach einem Besuch hinreichend klar zum Ausdruck bringt.

(3) Rechtsfolgen des §55,I GewO

Rechtsfolge des Betreibens eines Reisegewerbes im Sinne des §55,I GewO ist das Erfordernis einer behördlichen Erlaubnis in Form einer Reisegewerbekarte nach §55,II GewO, die der im Außendienst tätige Mitarbeiter für sich beantragen muß[178] und deren Erteilung von einer gewerberechtlichen Zuverlässigkeitsprüfung abhängt, §57 GewO. Dabei ist bereits an dieser Stelle auf einige bemerkenswerte Ausnahmevorschriften hinzuweisen. Nach §55a,I Nr.6 GewO bedarf einer Reisegewerbekarte nicht, wer Versicherungs- oder Bausparverträge vermittelt oder abschließt, was die Literatur mit der für Versicherungsgesellschaften und Bausparkassen generell bestehenden staatlichen Aufsicht begründet[179]. Gleiches gilt nach §55a,I Nr.8 GewO für die Tätigkeit in einem nicht ortsfesten Geschäftsraum eines Kreditinstitutes, wenn dort ausschließlich Bankgeschäfte im Sinne des §1,I KWG betrieben werden, für die das Kreditinstitut die nach §32 KWG erforderliche Erlaubnis besitzt. Die Ausnahme von den Vorschriften für das Reisegewerbe wird hier damit gerechtfertigt, daß insoweit die Kontrolle durch das Bundesaufsichtsamt für das Kreditwesen nach den Regelungen des KWG genüge[180]. Schließlich ist nach §55b,I GewO eine Reisegewerbekarte nicht erforderlich, wenn der Gewerbetreibende andere Personen im Rahmen ihres Geschäftsbetriebes aufsucht.

Weitere Rechtsfolgen aus der Erfüllung des Tatbestandes des §55,I GewO ergeben sich für die Kreditwirtschaft allerdings aus §56,I GewO, der die von ihr betriebenen Geschäfte teilweise beschränkt.

e) Die Verbotsvorschrift des §56,I GewO

Die Verbote in §56,I GewO betreffen im einzelnen Wertpapier-, und Edelmetallgeschäfte sowie die Vermittlung von Darlehensgeschäften. Die in

---

[176] Ulmer WRP 1986, 445, 450

[177] VG Düsseldorf GewA 1984, 339, Stober JA 1981, 216, 223, Hopt NJW 1985, 1665, 1669, Landmann-Rohmer-Vogel §55 Rz.25

[178] bei Erfüllung der Voraussetzungen besteht auf die Erteilung ein Rechtsanspruch, Wolff-Bachof VerwR III, §135, IV c, Sieg-Leifermann-Tettinger §55 Rz 15

[179] Sieg-Leifermann-Tettinger §55a Rz.19, Landmann-Rohmer-Schönleiter §55a Rz.37

[180] Friauf-Stober §55a Rz.49, Landmann-Rohmer-Schönleiter §55a Rz.42

§§55a,55b GewO für das Reisegewerbe bestehenden Bereichsausnahmen kehren in §56,III GewO wieder, so daß Geschäfte in einem nicht ortsfesten Raum bei Vorliegen einer Erlaubnis nach §32 KWG sowie gegenüber Personen im Rahmen ihres Geschäftsbetriebes nicht dem Verbot unterliegen.

(1) Das Verbot des §56,I Nr.2 lit.a GewO

Dem Verbot des Feilbietens und des Ankaufs von Edelmetallen nach §56,I Nr.2a GewO, das der Vorbeugung von Straftaten wie Hehlerei und Betrug dient[181], dürfte in der Praxis aus bereits erwähnten Gründen keine Bedeutung zukommen, da die Aushändigung von Münzen oder Edelmetallbarren außerhalb der Geschäftsstellen im Bankgewerbe nicht vorkommt.

(2) Das Verbot des §56,I Nr.1 lit.h GewO

§56,I Nr.1h GewO verbietet den Vertrieb von Wertpapieren im Reisegewerbe. Von dem Verbot, das vor Betrügereien auf diesem Gebiet schützen soll[182], sind insbesondere betroffen Inhaberschuldverschreibungen, Kommunalobligationen, Pfandbriefe sowie die Zinsabschnitte dieser Papiere, aber auch Aktien und Investmentanteile[183]. Bestrebungen während der Beratungen anläßlich der Novelle 1984, Investmentanteile im Hinblick auf das Widerrufsrecht in §23 KAGG, das einen angemessenen Schutz des Käufers gewährleiste, von dem Verbot auszunehmen, ist der BT-Wirtschaftsausschuß nicht gefolgt, weil unbeschadet der Rücktrittsmöglichkeit nicht ausgeschlossen werden könne, daß durch intensive Beeinflussung des Vertreters der Verbraucher in seiner Entschließungsfreiheit über finanziell nicht unbeachtliche Geschäfte beschränkt werde. Außerdem werde eine Privilegierung von Investmentanteilen mit großer Wahrscheinlichkeit Forderungen nach Befreiung für andere Wertpapiere nach sich ziehen[184].

(3) Das Verbot des §56,I Nr.6 GewO

Wie bereits ausgeführt, besteht ein gewerberechtliches Verbot des Abschlusses von Darlehensgeschäften seit der Einführung des VerbrKrG nicht mehr. Soweit sich die Banken daher ihres eigenen Personals beim Abschluß der jeweiligen Geschäfte bedienen, sind lediglich das HTWiG sowie das VerbrKrG zu beachten. Nach wie vor verboten ist allerdings durch §56,I Nr.6 GewO die Vermittlung von Darlehensgeschäften im Reisegewerbe, was bedeutsam sein kann, wenn sich die Bank Kunden durch gewerbliche Vermittler zuführen läßt.

---

[181] Landmann-Rohmer-Vogel §56 Rz 55, Friauf-Stober §56 Rz 36

[182] Friauf-Stober §56 Rz 30

[183] Sieg-Leifermann-Tettinger §56 Rz.9, , Landmann-Rohmer-Vogel §56 Rz.40

[184] BT-Drucks.10/1646 S.23, Schönleiter GewA 1984, 317, 321

(4) Das Verhältnis von §56,I GewO zu §823,II BGB

Für die Tatbestände des §56,I GewO zu klären bleibt das Verhältnis zu §823,II BGB. Die ganz überwiegende Meinung in der Rechtsprechung und im Schrifttum sieht in §56,I GewO ein Schutzgesetz im Sinne des §823,II BGB[185]. Aufgrund des Schutzzwecks des §56,I GewO, der auf die Entschließungsfreiheit des individuellen Kunden abstellt, ist dem grundsätzlich zuzustimmen, jedoch mit einer Einschränkung. Im Rahmen eines auf §823,II BGB gestützten Schadensersatzanspruches könnte nämlich der Kreditnehmer das positive Interesse geltend machen, dessen Umfang sich nach den §§249ff. BGB bestimmte. Da die Naturalrestitution im Sinne des §249,1 BGB auch die Freistellung von einem ohne das Schaden stiftende Ereignis nicht abgeschlossenem Vertrag umfaßt[186], hätte dies bei §56,I GewO zur Folge, daß der Kunde auch die Freistellung etwa von einem unüberlegten Kreditgeschäft verlangen könnte. Diese Rechtsfolge läge stünde bei einer dreijährigen Verjährungsfrist nach §852 BGB in Konkurrenz zum Widerrufsrecht nach §1,I HTWiG, der seinerseits dem Kunden eine einwöchige Widerrufsfrist einräumt; diese wird zusätzlich noch durch §2 HTWiG nach den für das HTWiG geltenden Besonderheiten modifiziert. Dieses die Konzeption des HTWiG konterkarierende Ergebnis ist dadurch zu korrigieren, daß man den Widerruf nach §1,I HTWiG als speziellere Regelung auffaßt, die eine Geltendmachung eines Schadensersatzes aus §823,II BGB i.V.m.§56,I GewO insoweit ausschließt, als eine dem Widerruf gleichartige Freistellung vom Vertrag begehrt würde[187, 188].

f) Würdigung der Regelung der §§ 55ff. GewO für die Kreditwirtschaft

Im Rahmen einer Würdigung der Vorschriften der GewO muß das rechtspolitische Bedürfnis nach ihrer Beibehaltung jedenfalls für Kreditinstitute skeptisch beurteilt werden. Insbesondere ist nicht recht einsichtig, warum Kreditinstitute im Sinne des §1,I KWG, die gemäß §32 KWG zur Aufnahme ihrer Geschäfte eine Erlaubnis benötigen und auch danach der ständigen behördlichen Kontrolle durch das Bundesaufsichtsamt für das Kreditwesen (BAK) unterliegen, genauso den §§55ff. GewO unterfallen wie jeder andere

---

185 BGHZ 71, 358, 362, BGH WM 1985, 910, 911, Friauf-Stober §56 Rz.17, Sieg-Leifermann-Tettinger §56 Rz.2, Landmann-Rohmer-Vogel §56 Rz.5, a.A.Gilles S.160

186 BGH NJW 1979, 1983, Staudinger-Hopt-Mülbert §607 Rz.310, Freund S.193, Münch-Komm-Löwisch vor §275 Rz.89, Larenz Schuldrecht AT S.106f.

187 vgl auch BGH WM 1985, 910, 911 mit Rückbindung der Wirkung von §56, I GewO iVm §823, II BGB an die mangelnde Existenz eines dem damaligen §1d AbzG vergleichbaren Widerrufsrechts

188 eine parallele Überlegung bei Münch-Komm-Ulmer §1 HTWiG Rz.25:Ansprüche aus c.i.c.werden durch die speziellere Regelung des HTWiG ausgeschlossen

Gewerbetreibende, während etwa in §§6,2; 55a,I Nr.6 GewO für Bausparkassen und Versicherungsgesellschaften wichtige Ausnahmevorschriften vorliegen, die ihrerseits mit der für Bausparkassen und Versicherungen bestehenden staatlichen Aufsicht begründet werden. In Parallele dazu sieht die Gesetzesbegründung in §55a,I Nr.8,§56,III GewO gerade die Bankenaufsicht nach dem KWG als bedeutsam dafür an, die Kreditinstitute zumindest teilweise von dem Erfordernis der Reisegewerbekarte bzw. den Verboten des §56,I GewO auszunehmen[189]. Wenn sich auch de lege lata eine analoge Anwendung von §55a,I Nr.8 GewO auf alle Tätigkeiten von Kreditinstututen im Reisegewerbe im Sinne des §56,I GewO angesichts des eindeutigen Ausnahmecharakters jener Vorschrift gegenüber dem grundsätzlichen Verbot verbietet, so muß umso nachdrücklicher über die Novelle zum Titel III der Gewerbeordnung von 1984 hinaus eine neuerliche Gesetzesänderung gefordert werden, die insbesondere der gewandelten historischen Situation gegenüber derjenigen, die bei der Schaffung der Norm bestand, Rechnung trägt. Die Änderung durch Art.8 VerbrKrG hat hierzu nichts beigetragen, da sie lediglich eine einzelne Verbotsvorschrift betrifft und den Widerspruch zur Regelung des §6,2 GewO, der der Versicherungswirtschaft gegenüber den Kreditinstituten eine wesentlich günstigere Position gewährt, nicht beseitigt. Diese Frage soll jedoch in einem größeren Zusammenhang erörtert werden.

3. Spezielle Widerrufsrechte in § 11 AuslInVG und § 23 KAGG

Mit der Einführung des Widerrufsrechts für Haustürgeschäfte in §1 HTWiG hat der Gesetzgeber eine in diesem Bereich an sich wünschenswerte[190] Rechtsvereinheitlichung unterlassen und stattdessen in §5,II HTWiG lediglich eine Konkurrenzregelung zu bereits vorhandenen parallelen Widerrufsrechten getroffen.

Für den Bereich der Kreditinstitute sind in diesem Zusammenhang die speziellen Widerrufsrechte des §11,I des Gesetzes über den Vertrieb ausländischer Investmentanteile (AuslInvG) [191] und des §23 des Gesetzes über Kapitalanlagegesellschaften (KAGG) [192] hervorzuheben. Die 1969 bzw. 1970 verkündeten Regelungen haben ihren Ursprung in der Reaktion des Gesetzgebers auf spektakuläre Affären mit ausländischen Investmentzertifikaten Ende der sechziger Jahre[193]. In ihnen wird dem Käufer solcher ausländischer Papiere

---

[189] vgl.BT-Drucks.7/111 S.4

[190] vgl.Knauth WM 1986, 509, 512

[191] BGBl.I, 986 v.28.7.1969

[192] BGBl.I, 127 v.14.1.1970

[193] Gilles S.146, Holschbach S.8f., Baur §23 KAGG Anm.I, §11 AuslInvG Anm.I

ein Widerrufsrecht für den Fall eingeräumt, daß dieser durch mündliche Verhandlungen außerhalb der ständigen Geschäftsräume desjenigen, der die Anteile verkauft oder den Verlauf vermittelt hat, dazu bestimmt worden ist, eine auf den Kauf gerichtete Willenserklärung abzugeben. Im Gegensatz zur einwöchigen Widerrufsfrist des §1,I HTWiG enthalten §11,I AuslInvG und §23,I KAGG ein auf zwei Wochen befristetes Widerrufsrecht. Die Frist beginnt zu laufen mit der Aushändigung des Verkaufsprospektes, §11,II,2 AuslInvG, §23,II,2 KAGG. Dogmatisch unterscheidet sich das Widerrufsrecht dieser Sonderregelungen von §1 HTWiG dadurch, daß der Vertrag über die Investmentanteile zunächst wirksam zustande kommt[194], während beim Haustürgeschäft der Vertrag zunächst schwebend unwirksam bleibt bis zum Ablauf der Frist, innerhalb derer das Widerrufsrecht geltend gemacht werden kann. Demgegenüber erweisen sich beide Vorschriften als besser abgestimmt auf die besondere Problematik der Rückabwicklung von Geschäften über kursabhängige Wertpapiere, indem sie in §11,IV AuslInvG bzw. §23,IV KAGG für die Rückzahlung des Gegenwertes einen Betrag festlegen, der dem Wert der bezahlten Anteile am Tage nach dem Eingang der Widerrufserklärung entspricht[195]. Die im Zusammenhang von §1,I HTWiG zu befürchtenden Wertpapierspekulationen auf Kosten der Bank werden durch diese Folgeregelungen verhindert.

Vor dem Hintergrund der voneinander abweichenden Widerrufsfristen und der unterschiedlichen Rückabwicklungsbestimmungen hätte eine Vereinheitlichung von §1,I HTWiG mit den beiden anderen Widerrufsvorschriften nahe gelegen. Der Umstand, daß dies nicht erfolgte, gewinnt zusätzliches Gewicht dadurch, daß §11 AuslInVG und §23 KAGG nur einem relativ kleinen Verbraucherkreis bekannt sein dürften.

Für die Banken könnten beide Regelungen im Zuge der Ausweitung des Direktmarketings, insbesondere auch der Haustürgeschäfte, wieder mehr an Bedeutung gewinnen.

4. Der unerbetene Hausbesuch am Maßstab des § 1 UWG

Daß bei Hausbesuchen die Entscheidungsfreiheit des Umworbenen gefährdet sein kann, zeigte sich bereits anhand der Tatbestände der §§1 HTWiG, 55,I GewO, die solchen Gefahren entgegenwirken wollen. Die Beeinträchtigung der freien Entschließung des Kunden durch den Vertreter läßt jedoch auch die Frage nach der Vereinbarkeit dieser Werbemethode mit der wettbewerbsrechtlichen Generalklausel des §1 UWG aufkommen. Die Notwendig-

---

[194] Baur §23 KAGG Anm.V, Holschbach S.86

[195] vgl.Holschbach S.88f.

keit der Überprüfung der Anwendbarkeit des §1 UWG ergibt sich dabei aus der Erwägung, daß durch diese Vorschrift anerkanntermaßen nicht nur Mitbewerber vor unlauterem Wettbewerb geschützt werden sondern auch die Allgemeinheit vor Auswüchsen des Wettbewerbs bewahrt werden soll[196].

Ein Verstoß gegen die guten Sitten im Wettbewerb kann sowohl in der Art und Weise der Kontaktaufnahme, insbesondere dem unaufgeforderten Klingeln und Kommen des Vertreters als auch in dem Grad der anschließenden persönlichen Beeinflussung im Zusammenhang mit den Bemühungen um einen Geschäftsabschluß liegen[197]. Im Anschluß an die Rechtsprechung des Reichsgerichts[198] hat der Bundesgerichtshof Haustürbesuche grundsätzlich, auch wenn sie unerbeten sind, als mit den guten Sitten für vereinbar und damit nicht als Verstoß gegen §1 UWG gewertet[199]. Der BGH begründet seine Ansicht mit dem Argument, daß üblicherweise jedermann frei sei in seiner Entscheidung, ob er einem ungebetenen Vertreter den Zutritt in die Wohnung gestatten wolle, und daß grundsätzlich erwartet werden könne, daß von dieser Freiheit auch Gebrauch gemacht werde. Im Normalfall sei niemand genötigt, auf den Hausierhandel und unerbetene Vertreterbesuche auch nur durch Öffnen der Tür überhaupt einzugehen[200]. Für unzulässig erklärt hat der BGH unter Betonung des Einzelfalles nur besonderen Formen der Werbung durch Vertreterbesuche, die dadurch gekennzeichnet sind, daß sie die Freiheit des Umworbenen in der Entscheidung darüber, ob er mit dem unbestellten Vertreter überhaupt Kontakt aufnehmen will, beeinträchtigen[201]. Darüber hinaus hält der BGH solche Haustürbesuche für wettbewerbswidrig, bei denen der gewerbliche Unternehmer die nach §3 HTWiG gebotene Belehrung über das Widerrufsrecht unterläßt und sich so bewußt und planmäßig einen wettbewerblichen Vorsprung vor gesetzestreuen Mitbewerbern verschafft[202]. Auch eine Verletzung des Verbots des §56,I Nr.6 GewO zur Erzielung eines Wettbewerbsvorsprunges begründet einen Verstoß gegen §1 UWG[203]. Eine Gleichstellung der unbestellten Hausbesuche mit der als grundsätzlich unzulässig eingestuften unerbetenen Telefonwerbung lehnt der BGH ab unter

---

196 vgl.BGHZ 19, 392, 396;BGHZ 54, 188, 190, BGH NJW 1989, 2820

197 Lehmann, GRUR 1974, 133

198 RG GRUR 1935, 686, 689, GRUR 1940, 54, 57

199 BGH GRUR 1955, 541, 542, BGH GRUR 1965, 315, 316, BGH GRUR 1968, 648, 649

200 BGH GRUR 1959, 277, 280

201 BGH GRUR 1959, 277, 280, BGH GRUR 1973, 81, Hefermehl GRUR 1980, 622, 623 m.w.N.

202 BGH MDR 1990, 237

203 OLG Stuttgart NJW 1975, 1930, 1931

Hinweis auf die beim Vertreterhandel vorliegenden historischen Gegebenheiten, die den Schutz des erworbenen Besitzstandes rechtfertigten[204].

In der Literatur folgt die herrschende Meinung[205] der vom BGH vertretenen Ansicht, wonach unerbetene Vertreterbesuche grundsätzlich erlaubt und nur in bestimmten, durch das Hinzukommen erschwerender Umstände gekennzeichneten Sonderfällen unzulässig sind. Mit Werbemaßnahmen verbundene Belästigungen müßten innerhalb gewisser Grenzen hingenommen werden; ein unerbetener Hausbesuch, auf den sich niemand einzulassen brauche, stelle im Normalfall keine unzumutbare Belästigung dar. Allerdings ist im Schrifttum auch stets Kritik an der wettbewerbsrechtlichen Zulässigkeit unerbetener Hausbesuche geübt worden, die sich in jüngerer Zeit eher noch verstärkt hat. Dabei ist zu unterscheiden zwischen solchen Ansichten, die jedenfalls de lege ferenda eine Einschränkung dieser Vertriebsmethode fordern[206], wobei die Überlegungen von einer Verschärfung der bisherigen Maßstäbe[207] bis zur Befürwortung eines völligen gesetzlichen Verbotes[208] reichen, und darüber hinaus gehenden Meinungen, die bereits de lege lata in Haustürbesuchen generell und grundsätzlich einen Verstoß gegen §1 UWG erblicken[209]. Die letztere Auffassung wird insbesondere damit begründet, der unaufgefordert erscheinende Vertreter überschreite bereits mit dem Druck auf die Wohnungsklingel die Grenze des wettbewerbsrechtlich zulässigen. Das mit unerbetenen Hausbesuchen verbundene Eindringen in die Privatsphäre des Betroffenen stelle ebenso wie oder sogar noch stärker als das unaufgeforderte Anrufen privater Fernsprechteilnehmer zu Werbezwecken eine unzumutbare Belästigung dar und lasse häufig, insbesondere bei Hausfrauen, Kindern und älteren Leuten eine besondere psychische Zwangssituation entstehen. Die Kaufentscheidungen, auf die mit dieser Vertriebsmethode hingewirkt werde, stünden zu einem wirtschaftlich vernünftigen Käuferverhalten im Widerspruch. Außerdem werde der Grundsatz der Waffengleichheit im Wettbewerbsrecht verletzt, weil eine so intensive psychische Beeinflussung stattfinde, wie sie sonst bei keiner anderen Werbe- oder Vertriebsmethode geduldet werde. Eine vermittelnde Ansicht weist auf die Inkonsequenz in der herrschenden Meinung hin, die Telefonanrufe für unzulässig erkläre, Hausbesuche aber erlaube. Demnach solle im Hinblick auf die durchaus anzuerkennende

---

204 BGHZ 54, 188, 193

205 Baumbach-Hefermehl §1 UWG Rz.75, Emmerich S.127, Lehmann, Vertragsanbahnung durch Werbung S.269, ders. GRUR 1974, 133, 135ff.

206 Schricker RabelsZ 1976, 548, 549, Krüger-Nieland WRP 1979, 1, 6, von Hippel, Verbraucherschutzrecht S.199f.

207 Schade S.121ff., 154ff., Schricker RabelsZ 1976, 548, 549f., v.Falckenstein S.102f.

208 von Hippel, S.199f., wohl auch Krüger-Nieland WRP 1979, 1, 6

209 Völp WRP 1973, 63, 65ff., von Falckenstein S.99, 102

Servicefunktion des Vertreterdirektvertriebes wenigstens ein Idealtyp des Haustürgeschäfts zugelassen werden, bei dem der Vertreter noch keinen psychischen Zwang auf den Kunden auszuüben suche[210].

Die herrschende Meinung, insbesondere in der Literatur[211] ist diesen Ansichten stets entgegengetreten, so etwa mit dem Hinweis auf §§55ff. GewO. Diesen Ausübungsvorschriften für das Reisegewerbe sei zu entnehmen, daß der Gesetzgeber bislang von der grundsätzlichen Zulässigkeit unerbetener Hausbesuche ausgehe[212]. Auf diese praktisch wichtigste Form des Reisegewerbes sei der Regelungswille des Gesetzgebers mit gerichtet gewesen, wie die Alternative des Aufsuchens von Bestellungen und Waren bzw. gewerblicher Leistungen in §55,I Nr.1 und 2 GewO zeige. Der BGH betone zwar, daß die §§55ff.GewO und die Erteilung der nach diesen Vorschriften erforderlichen Reisegewerbekarte nicht entbinden von der Einhaltung des §1 UWG. Andererseits würde aber eine Auslegung von §1 UWG, die den praktisch überwiegenden Teil der in §§55ff. GewO als grundsätzlich zulässig vorausgesetzten Formen der Ausübung des Reisegewerbes generell für unzulässig erklärte, dem Sinn und Zweck der §§55ff. GewO widersprechen.

Einem absoluten Verbot der unbestellten Hausbesuche stünden de lege lata wie de lege ferenda die auf diesem Gebiet in Jahrzehnten gewachsenen wertvollen Besitzstände entgegen, denen in der Literatur auch verfassungskräftiger Schutz der grundgesetzlichen Garantie der Berufsfreiheit (Art.12,I GG) sowie des Eigentums (Art.14,I GG) zugemessen wird[213]. Das sei zumindest dann der Fall, wenn Unternehmen, die sich des Direktvertriebs bedienen, durch ein Verbot unerbetenener Hausbesuche die Ausübung ihres Berufes oder die Aufrechterhaltung ihres eingerichteten und ausgeübten Gewerbebetriebs unmöglich gemacht würde. Dazu sei dann von Fall zu Fall zu prüfen, ob alternative Werbe- und Vertriebsmöglichkeiten, wozu auch das Versenden von Werbematerial mit der Aufforderung, mittels vorgedruckter Antwortkarte einen Vertreterbesuch zu erbitten, gehören kann, eine Fortführung der Berufsausübung oder eine Aufrechterhaltung des Gewerbebetriebs ermöglichen.

Die von der herrschenden Meinung ins Feld geführten Argumente erweisen sich bei näherer Prüfung als höchst anfechtbar. Daß die (prinzipiell für unzulässig erklärte) Telefonwerbung und die (zulässige) Werbung durch Hausbesuche der Sache nach nicht miteinander vergleichbar seien[214], bleibt ein nicht

---

210 Gilles, S.105ff.

211 Baumbach-Hefermehl §1 UWG Rz.75, Harmsen GRUR 1976, 34, Lehmann GRUR 1974, 133f., v.Gamm §1 UWG Rz.147, Schricker/Lehmann Rz.65

212 Hefermehl GRUR 1980, 622, 626, Lehmann GRUR 1974, 133, 135

213 Klaka GRUR 1971, 322, Lehmann GRUR 1974, 135, 136, Schade S.128ff.

214 BGHZ 54, 188, 193

näher begründeter Behauptungssatz. Ob beim Hausbesuch die Intensität des Einwirkens des Vertreters deutlich geringer ist als beim Telefonanruf[215] läßt sich durchaus bestreiten, zumal im Zusammenhang mit der Anwendbarkeit des §1,I Nr.1 HTWiG auf telefonische Geschäftsabschlüsse von der dort herrschenden Meinung[216] genau umgekehrt argumentiert wird[217]. Der Rückgriff auf die Berufsfreiheit, Art.12,I GG[218], führt in diesem Zusammenhang nicht weiter, weil die Durchführung der Telefonwerbung zumindest dem Prinzip nach dann ebenfalls diesen grundrechtlichen Schutz für sich in Anspruch nehmen könnte, womit es wieder auf die Vergleichbarkeit zwischen Telefon- und Haustürwerbung ankäme, so daß sich die Argumentation im Kreise dreht. Es bleibt somit zu untersuchen, ob sich die herrschenden Ansicht unter Rückgriff auf die von ihr angeführten historischen Besitzstände, die im Haustürhandel bestünden, rechtfertigen läßt. Für den Bereich der Kreditwirtschaft ist das Argument zumindest unsicher, da die Banken eben nicht auf solche historisch gewachsenen Besitzstände verweisen können, sondern vielmehr erst die Einführung dieser Werbeform beabsichtigen. Gerade dieser letzte Umstand macht jedoch deutlich, daß die Anführung historischer Besitzstände, denen in der herrschenden Meinung offenbar schlagende Bedeutung zugemessen wird[219], zumindest in wettbewerbsrechtlichen Zusammenhängen prinzipiell problematisch ist[220]. Die Argumentation begünstigt die Verfestigung vorhandener Besitzstände und läuft damit der Aufrechterhaltung eines freien Wettbewerbs, wie ihn §1 UWG seinem Schutzzweck nach intendiert, diametral zuwider. Im übrigen könnte sich für eine Werbemethode, wenn sie einmal als unzulässig nach §1 UWG eingeschätzt wird, durch das Argument der historisch gewachsenen Besitzstände keine andere Betrachtungsweise ergeben, da niemand einen Anspruch darauf haben kann, eine gegen die Grundsätze des lauteren Wettbewerbs verstoßende Methode fortzusetzen, nur weil sie schon lange gehandhabt wurde. Darüber hinaus ist bei der Auslegung des §1 UWG das verfassungsrechtliche Gleichbehandlungsgebot aus Art.3,I GG zu berücksichtigen. Dieses dürfte es zwar gestatten, das Vertrauen in gewachsene Besitzstände reiner Direktvertriebsunternehmen zu schützen. Wenig einleuchtend ist es dagegen, einzelne Branchen im Wettbewerb Konkurrenten gegenüber durch die Auslegung von §1 UWG allein aus dem Grund zu begünstigen,

---

[215] KG WRP 1973, 156, 157, Hefermehl GRUR 1980, 622, 627

[216] vgl.etwa Bennemann JR 1986, 358, 361, Goller GewA 1986, 73, 75, Löwe BB 1986, 821, 825

[217] gegen dieses Argument daher auch zu Recht Schade S.122

[218] Lehmann GRUR 1974, 133, 135f.

[219] BGHZ 54, 188, 193, Hefermehl GRUR 1980, 622, 626, Klaka GRUR 1971, 322, Krüger-Nieland GRUR 1974, 561, 564

[220] sehr krit.zu diesem Argument auch Völp WRP 1973, 62, 65, differenzierend Schade S.137 mit Zubilligung nur im Einzelfall nach Interessenabwägung

daß sich diese Branchen schon früher als ihre Konkurrenten dieser Vertriebsmethode bedient haben. Angesichts diese Befundes ist es notwendig, sich auf den eigentlichen Hintergrund der "historisch gewachsenen Besitzstände" zu besinnen. Dieser liegt im Schutz des Eigentums des Art.14,I,1 GG, der auch bei der Anwendung der wettbewerbsrechtlichen Generalklausel beachtlich ist. Der verfassungsrechtliche Eigentumsschutz umfaßt jedoch lediglich vermögenswerte Positionen[221]. Diese dürften nun bei reinen Direktvertriebsunternehmen in der Tat vorliegen, so daß ein Verbot von Haustürbesuchen für diese eine unverhältnismäßige Beschränkung ihres verfassungsmäßig geschützten Eigentums darstellte. Für alle übrigen Unternehmer besteht bei dieser Form der Werbung jedoch keine Rechtsposition mit einem verfestigten vermögenswerten Inhalt, so daß sie auch den Schutz des Art.14,I GG nicht in Anspruch nehmen können. Die von der herrschenden Meinung für diese Sparte beschworenen "historischen Besitzstände" erweisen sich daher bei näherer Betrachtung als die Inanspruchnahme eines überaus fragwürdigen Rechts, ungestört in fremde Privatsphären eindringen zu können, das der verfassungsmäßigen Legitimation gänzlich entbehrt. Zudem hat in jüngster Zeit die Bedeutung des persönlichkeitsrechtlichen Schutzes aufgrund der größeren Gefahren für die Persönlichkeitssphäre infolge technischer Entwicklungen zugenommen[222], was insbesondere an den Entscheidungen des BGH zur Telefon- und Briefkastenwerbung zwecks Geschäftsanbahnung deutlich wird[223]. Einer solchen Neubewertung persönlichkeitsrechtlichen Schutzes angesichts veränderter tatsächlicher Rahmenbedingungen können erworbene historische Besitzstände zwar im Einzelfall, nicht aber grundsätzlich im Wege stehen. Die Entwicklung von Rechtsprechung und Gesetzgebung zum Schutz der Persönlichkeitssphäre zusammengenommen mit der Problematik, die das Argument der historisch gewachsenen Besitzstände in wettbewerbsrechtlichen Zusammenhängen in sich birgt, kann die Auslegung des §1 UWG bei der Anwendung auf den unerbetenen Hautürbesuch nicht unberührt lassen. Die herrschende Ansicht wird der Bedeutung des Persönlichkeitsschutzes, der zunehmend Anerkennung findet[224], nicht gerecht. Es ist zumindest zu erwarten, daß die Maßstäbe, die an das Verhalten des Vertreters zu stellen sind, in Rechtsprechung und Literatur verschärft werden[225].

---

[221] vgl.Papier in:Maunz-Dürig Art.14 Rz.57, von-Münch-Bryde GGK Art.14 Rz.11

[222] BVerfGE 54, 148, 153

[223] BGHZ 54, 188ff., BGH NJW 1989, 902ff., BGH NJW 1989, 2820

[224] Krüger-Nieland GRUR 1974, 561, 564, dies.WRP 1979, 1, 6, Schricker RabelsZ 1976, 548, 549, Schade S.138ff.

[225] Baumbach-Hefermehl §1 UWG Rz.75, Krüger-Nieland GRUR 1974, 561, 564, WRP 1979, 1, 6, Schricker RabelsZ 1976, 548, 549, Fernández-Nóvoa GRUR Int.1973, 436, 440, Nordemann Rz.180ff., Schade S.121, 154

Einem völligen Verbot des unerbetenen Hausbesuchs, und insoweit ist der herrschenden Meinung allerdings zuzustimmen, stehen jedoch andere Erwägungen entgegen. In den §§55ff.GewO und dem HTWiG hat der Gesetzgeber Regelungen getroffen, die der Beschränkung von Gefahren, die aus dem Haustürhandel herrühren, dienen. In diesen Vorschriften manifestiert sich aber auch die Entscheidung, es bei diesen Beschränkungen zu belassen und ein Totalverbot, bei dem diese Vorschriften ohne Regelungsgegenstand wären, zu vermeiden. Daß der Gesetzgeber von diesem Gedanken geleitet war, läßt sich auch den Gesetzesmaterialien zum HTWiG und zur GewO-Novelle 1984 entnehmen, in denen der Haustürhandel als überwiegend seriöses Gewerbe bezeichnet wird[226], an dessen gänzliches Verbot nicht gedacht sei[227]. Es wäre daher ein nicht zulässiges Verfahren, die vom Gesetzgeber getroffene Entscheidung durch die Einführung eines Totalverbotes im Wege der Auslegung der wettbewerbsrechtlichen Generalklausel des §1 UWG zu konterkarieren. Dem systematischen Zusammenhang der für den Haustürhandel gültigen Vorschriften ist daher dessen eingeschränkte Zulässigkeit unter besonderer Berücksichtigung der Entscheidungsfreiheit des Kunden im Einzelfall zu entnehmen[228].

5. Problematik der §§ 6,2 GewO,6 Nr.2 HTWiG: Verfassungsmäßigkeit trotz Begünstigung eines in Konkurrenz stehenden Gewerbes?

Angesichts der Einschränkungen, die §55,II GewO, §1,I Nr.1 HTWiG einem Außendienst der Kreditinstitute entgegensetzen, ist der Umstand bemerkenswert, daß in Bezug auf diese Vorschriften Bereichsausnahmen für das Versicherungsgewerbe in §6,2 GewO, §6 Nr.2 HTWiG bestehen. Kreditinstitute und Versicherungswirtschaft stehen zueinander in einem Konkurrenzverhältnis, ihre Angebote sind teilweise identische, teilweise können sie wechselseitig substituiert werden, wie etwa Sparverträge einerseits und Lebensversicherungen andererseits. Die Konkurrenz nimmt auch in jüngster Zeit zu, bedingt durch die Entwicklung zum Allfinanzdienst.

Nach §6,2 GewO sind die Versicherungen, soweit sie der Aufsicht des Bundesamtes für das Versicherungswesen unterstehen, von den Vorschriften der GewO in ihrem Geschäftsbereich befreit.

Ferner dürfen die Versicherungen im Haustürgeschäft Versicherungsverträge abschließen, die gemäß §6 Nr.2 HTWiG nicht dem Widerrufsrecht des §1,I

226 Begr.GewO-Novelle 1984 BT-Drucks.10/1125, S.11

227 BR-Begr.BT-Drucks.10/2876, S.7

228 BR-Begr.BT-Drucks.10/2876, S.7, i.E.ebenso Münch-Komm-Ulmer Vor §1 HTWiG Rz.31, Jacobs in:Gloy §49 Rz.42

Nr.1 HTWiG unterliegen. Diese Bereichsausnahme, die die amtliche Begründung mit dem Hinweis auf die entsprechende EG-Richtlinie, ein geplantes freiwilliges Widerrufsrecht der Versicherungsbranche sowie die bestehende, gut ausgebaute Versicherungsaufsicht gerechtfertigt wurde[229], war in der Literatur heftiger Kritik ausgesetzt, die in dem Vorwurf der Manipulation des Gesetzgebers durch die Interessenvertreter und der Verfassungswidrigkeit der Norm wegen Verstoßes gegen Art.3,I GG gipfelte[230]. Der Gesetzgeber hat nunmehr auch für Versicherungsverträge ein Widerrufsrecht in §8,IV VVG eingeführt, demzufolge der Versicherungsnehmer innerhalb einer Frist von zehn Tagen ab Unterzeichnung des Versicherungsantrags seine auf den Vertragsabschluß gerichtete Willenserklärung schriftlich widerrufen kann, wenn die Laufzeit des Versicherungsvertrages mehr als ein Jahr betragen soll.

Gegen diese Regelung lassen sich zwar rechtspolitische Einwände erheben. Insbesondere befriedigt nicht, daß der Gesetzgeber wiederum ein neues Widerrufsrecht geschaffen hat, das mit dem VVG systematisch in einer gänzlich anderen Materie verortet worden ist. Darüber hinaus aber ist das Widerrufsrecht auch anders ausgestaltet als die Parallelvorschriften. So ist die Widerrufsfrist hier auf zehn Tage festgesetzt worden, wobei allerdings nicht die Absendung, sondern der rechtzeitige Eingang beim Versicherer fristwahrend wirkt (§8,IV,2 VVG). Für den Fristbeginn wiederum ist die Erteilung einer Widerrufsbelehrung (§8,IV VVG) nicht erforderlich, diese ist vielmehr eine gesetzliche vorvertragliche Pflicht des Versicherers, deren Verletzung nur einen Schadensersatzanspruch auslösen kann. Zusammenfassend bleibt festzustellen, daß der Gesetzgeber bei der Einführung von Widerrufsrechten nicht nur breit streuend vorgeht, sondern durch unterschiedliche Ausgestaltung die Überschaubarkeit für den Kunden unnötig erschwert; ein Umstand, dem gerade in einer Regelungsmaterie, die dem Verbraucherschutz dienen soll, besonderes Gewicht zukommt.

Auf der anderen Seite ist zuzugestehen, daß die prinzipielle Einräumung eines Widerrufsrechts das Versicherungsgewerbe nun gegenüber den bisher schon vom HTWiG betroffenen Banken nahezu gleichstellt. In den Unterschieden der Ausgestaltung kann keine Verletzung des Gleichbehandlungsgrundsatzes (Art.3,I GG) erblickt werden, so daß der Vorwurf der Verfassungswidrigkeit des §6 Nr.2 HTWiG nicht mehr aufrecht zu erhalten ist[231].

Bedenken unterliegt dagegen nach wie vor die Privilegierung der Versicherungswirtschaft durch die Ausnahme des §6,2 GewO. Wenn auch für diese

---

229 BT-Drucks 10/4210, S.10

230 Erman-Weitnauer-Klingsporn Vor §1 HTWiG Rz.34, Löwe BB 1986, 821, 831, Teske ZIP 1986, 624, 634

231 ebenso Teske, NJW 1991, 2793, 2804

Vorschrift die Motivation im Gesetzgebungsverfahren nicht derart eindeutig zutage tritt wie dies bei §6 Nr.2 HTWiG der Fall war, so dürfte doch der Umstand allein, daß die Versicherungsunternehmen der öffentlich-rechtlichen Aufsicht unterliegen[232], angesichts der gleichermaßen der Beaufsichtigung unterstehenden Kreditwirtschaft für eine Differenzierung nach Art.3,I GG schwerlich genügen. Eine rechtliche Gleichstellung von Versicherungen und Kreditinstituten auch im Rahmen der Gewerbeordnung ist daher unbedingt geboten.

IV. Werbung über Bildschirmtext

Im Zuge der Einführung der neuen Medien hat auch Bildschirmtext (Btx) im Bereich der Kreditwirtschaft an Bedeutung gewonnen, obwohl das System insgesamt die an es gerichteten Erwartungen bislang nicht erfüllen konnte[233]. Im Btx-Verfahren kann der Benutzer unter Inanspruchnahme von Bildschirm und Telefon am rechtsgeschäftlichen Verkehr teilnehmen. Neben dem Abruf in der Btx-Zentrale gespeicherter Daten per Telefon besteht auch die Möglichkeit für private Anbieter, an die Btx-Zentrale ihre eigenen externen Datenverarbeitungsanlagen anzuschließen, auf die dann ebenfalls vom Benutzer zurückgegriffen werden kann.

Damit eignet sich Btx dazu, daß der Bankkunde Daten über sein durch den Rechner des Kreditinstitutes geführtes Bankkonto abrufen und auch seinerseits etwa Überweisungsaufträge abgeben kann. Darüber hinaus haben Kunden die Möglichkeit, weitere Serviceangebote, wie aktuelle Börsenkurse, Informationen über Anlagemöglichkeiten, Devisenkurse oder Wertpapierberechnungen in Anspruch zu nehmen[234]. Neben der Bequemlichkeit für die Kunden bedeutet dieses Verfahren für die Banken selbst die Gelegenheit einer Kostenersparnis, da die Zwischenschaltung aller mit der Abwicklung des unbaren Zahlungsverkehrs betrauten Mitarbeiter entfällt und sich damit Rationalisierungsmöglichkeiten in einem gewöhnlich überaus kostenintensiven Bereich des Bankgeschäfts ergeben.

Die Spitzenverbände des Kreditgewerbes sowie die deutsche Bundespost haben infolgedessen ein "Abkommen über Bildschirmtext" vereinbart, das durch ein "Btx-Sicherungskonzept" sowie besondere "Bedingungen über die Nutzung von Bildschirmtext" ergänzt wird[235]. Sowohl um die Möglichkeiten

---

232 vgl.Landmann-Rohmer-Marcks §6 Rz.56, Hadding-Häuser WM 1984, 1413, 1417

233 Walter in: Süchting/van Hooven S.307

234 Serfling/Marx, DB 1991, 105, 111

235 Abdruck bei Canaris, Bankvertragsrecht unter Rn.527 hh, ii

des Systems auszuschöpfen als auch um der Gefahr der durch Rationalisierung bedingten Entfremdung des Kunden von seinem Kreditinstitut entgegenzuwirken, bietet es sich für die Banken an, das von Btx geprägte Servicesystem durch die Einspeisung von Informationen und Werbung über die eigenen Bankleistungen zu ergänzen. Dies wirft in zweierlei Hinsicht rechtliche Probleme auf: zum einen stellt sich die Frage nach der Kennzeichnungspflicht für Werbung nach Maßgabe der für Btx geltenden rechtlichen Rahmenbedingungen (dazu 1.) , zum anderen hat bereits die Vereinbarkeit unverlangter Werbung über Btx mit dem Wettbewerbsrecht praktische Relevanz gewonnen (dazu 2.).

1. Kennzeichnungspflicht

Während noch in den Versuchsgesetzen Berlins und Nordrhein-Westfalens während der Erprobungsphase unverlangte oder gleichzeitige Übermittlung von Werbung und Information verboten war (§6,IV,2 und 3 NRWBiTeG,§7,II BerlBiTeG[236]) , unterliegt Werbung über Btx nunmehr lediglich einer Kennzeichnungspflicht. Gemäß Art.8 des Staatsvertrages der Bundesländer über Btx (Btx-StV) [237] sind Angebotsseiten, die "wirtschaftlichen Werbezwecken dienen" durch ein "W" zu kennzeichnen. Die Kennzeichnung muß in über Bildschirmtext angebotenen Registern oder Inhaltsübersichten an den Stellen angebracht werden, die ausschließlich zu reinen Werbeseiten führen (Art.8,I Btx-StV) , sowie in weiterführenden Hinweisen, die zu Angebotsseiten mit mindestens überwiegender Werbung leiten (Art.8,II Btx-StV). Schließlich ist auf Mischseiten der werbende Teil selbst zu markieren (Art.8,III Btx-StV). Die Frage wann Angebotsseiten wirtschaftlichen Werbezwecken dienen, läßt der Wortlaut des Vertrages unbeantwortet. Die amtliche Begründung nimmt Bezug auf den allgemeinen Werbungsbegriff[238]. Nach dem zum UWG in ständiger Rechtsprechung entwickelten Grundsätzen käme es demzufolge darauf an, ob Angaben bzw. Handlungen zu Zwecken des Wettbewerbs vorliegen[239]. Das ist insbesondere bei Dienstleistungsangeboten und Informationsmitteilungen der Fall, auch wenn sie nicht mit besonderen Anpreisungen verbunden sind, da der Informationsanbieter die Verbraucher zum Abschluß von Geschäften zu bewegen sucht. Ausgenommen hiervon sind lediglich Verbraucherorganisationen, weil diese nicht in Wettbewerbsabsicht handeln.

---

[236] abgedr.BerlGV v.4.6.80, S.1002ff.bzw.NRWGV v.19.3.80, S.153ff.

[237] abgedr.BGBl.1983 I, 699ff., GVBl.NRW 1983, S.227-230, Bartl Hdb.Btx-Recht S.27ff.

[238] Begr.abgedr.bei Bartl Hdb.Btx-Recht S.54, hierzu auch Ring-Hartenstein S.103

[239] vgl.Baumbach-Hefermehl Einl UWG Rz.214

Demnach müssen im Bereich des Bankgeschäfts auch reine Informationen etwa über das aktuelle Wertpapierangebot oder eine Darstellung der Kreditkonditionen, so anläßlich einer Zinssenkung als Werbung und damit als kennzeichnungspflichtig eingestuft werden, weil sie auf Geschäftsabschlüsse hinzielen. Dies dürfte auch der von der Verkehrsanschauung geprägten Vorstellung von Werbung etwa in Parallele zu Wurfsendungen eines solchen Inhaltes entsprechen. Demgegenüber wurde bereits in der Versuchsphase die Tendenz der Aufsichtsbehörden beobachtet, für Btx-Werbung einen eigenen, vom UWG abweichenden Werbebegriff anzunehmen[240]. Auch diese Interpretation vermag sich auf die amtliche Begründung des Btx-StV zu stützen[241], die insoweit nicht ganz deutlich bleibt[242]. Im Sinne einer Einheitlichkeit der Auslegung und der Klarheit für die Anbieter wäre es freilich, wenn der systematische Bezug zum Wettbewerbsrecht nicht auf diese Weise durch einen besonderen Werbungsbegriff für Btx gestört würde, zumal einleuchtende Gründe für ein vom UWG unabhängiges Btx-Werbungsrecht nicht ersichtlich sind[243].

Keinen unmittelbaren Bezug zur Kennzeichnungspflicht des Art.8 Btx-StV enthalten die "Einzelmitteilungen", die in dem besonderen Btx-Mitteilungsdienst, einer Nachrichtenaustauschmöglichkeit aller Btx-Benutzer, vom Absender bei der Btx-Zentrale für den Empfänger gleichsam hinterlegt werden. Sobald der Benutzer das nächste Mal Btx einschaltet, kann er die in seinem elektronischen Briefkasten enthaltenen individuellen Nachrichten anderer Btx-Benutzer abrufen. Eine Löschung der jeweiligen Mitteilung setzt voraus, daß sie zuvor vollständig auf den Bildschirm gebracht wurde. Die Aufnahmefähigkeit dieses elektronischen Briefkastens ist freilich begrenzt. Der differenzierende Wortlaut des Btx-StV sowie der Sinn der Kennzeichnungspflicht der Warnung vor Werbung zwischen Information haben deshalb in der Literatur zu der Annahme geführt, nur solche Inhalte seien als zulässige Einzelmitteilungen im Btx-Mitteilungsdienst zu qualifizieren, die tatsächlich individuellen Charakter tragen[244]. Der BGH hat dies jedoch mit dem Bemerken abgelehnt, Einzelmitteilungen seien aus kompetenzrechtlichen Gründen nicht vom Btx-StV erfaßt, so daß die Kennzeichnungspflicht des Art.8 Btx-StV weder direkt noch entsprechend auf sie Anwendung finde[245].

---

[240] Micklitz NJW 1982, 263, 265

[241] Begr.abgedr.bei Bartl Hdb.Btx-Recht S.54:"Im einzelnen kann die Auslegung des Begriffs anhand fortlaufender Erfahrungen erfolgen."

[242] vgl.Lachmann, NJW 1984, 405

[243] ebenso Lachmann WRP 1983, 591, 592

[244] Bartl Hdb.Btx-Recht S.172f., ders.NJW 1985, 259

[245] BGHZ 103, 203, 205=NJW 1988, 1670f., i.E.zustimmend Lachmann GRUR 1988, 618, der jedoch Kennzeichnungspflicht nach §1 UWG bejaht

2. Zulässigkeit von Werbung durch Btx anhand des Maßstabes des § 1 UWG

Das Problem des Btx-Mitteilungsdienstes leitet bereits über zu der Frage nach der Vereinbarkeit unverlangter Werbung mit §1 UWG.

In dem mittlerweile vom BGH entschiedenen Fall zur Btx-Werbung in Berlin hatte ein Brenn- und Baustoffhandel unverlangt einen Werbetext in den Btx-Mitteilungsdienst übermittelt und war daraufhin von einem Verbraucherschutzverein auf Unterlassung gemäß §13,II Nr.3 UWG in Anspruch genommen worden[246]. Während die Vorinstanzen[247] unter weitgehender Zustimmung der Literatur[248] die Klage abgewiesen hatten, sah der BGH im Vorgehen des Beklagten eine wettbewerbswidrige Belästigung. Dabei hat der BGH freilich, insoweit mit dem KG übereinstimmend, eine Wettbewerbswidrigkeit nach §1 UWG nicht schon wegen Verletzung ein Norm des Btx-StV angenommen. Ohne auf die Problematik des Einflusses von Verstößen gegen Normen außerhalb des UWG für die Beurteilung nach §1 UWG einzugehen, legt das Urteil dar, daß die Beurteilung von Werbefragen bei Einzelmitteilungen von den Normen des Staatsvertrages nicht erfaßt werde. Der in der Literatur geäußerten Gegenansicht, die Werbekennzeichnungspflicht des Art.8 Btx-StV laufe leer, wenn man sie nicht zumindest analog auf als Einzelmitteilungen "verkappte" Werbeangebote anwende[249], hält der BGH entgegen, in Bezug auf Einzelmitteilungen hätten die Länder überhaupt keine Regelung im Staatsvertrag treffen wollen, da insoweit deren Gesetzgebungskompetenz fraglich gewesen sei[250]. Der Staatsvertrag enthalte somit gar kein Verbot von Einzelmitteilungen zum Zwecke der Werbung. Aus Art.3,I iVm Art.8 Btx-StV ergebe sich vielmehr, daß im Mitteilungsdienst eine Kennzeichnungspflicht nicht besteht[251].

Demgegenüber geht der BGH bei der Beurteilung nach §1 UWG von der Feststellung aus, daß ein Verhalten im Wettbewerb nicht nur dann gegen die guten Sitten verstoße, wenn es dem Anstandsgefühl der redlichen und verständigen Mitbewerber widerspricht, sondern auch dann, wenn die wettbe-

---

246 BGHZ 103, 203ff.=NJW 1988, 1670ff.=GRUR 1988, 615

247 LG Berlin NJW 1984, 2423f., KG NJW 1986, 3215ff.=WRP 1986, 473

248 Lachmann WRP 1983, 591, 594, Wienke WRP 1986, 455, 456, Brinkmann ZUM 1985, 337, 344, ebenso auch noch Baumbach-Hefermehl 15.A., §1 UWG Rz.58(anders jetzt 16.A., §1 UWG Rz.70)

249 Bartl, Hdb.Btx-Recht, S.172f., ders., NJW 1985, 258, 259, Probandt, UFITA 98(1984) , 9, 26, Jacobs in:Gloy §27 Rz.25

250 BGHZ 103, 203, 206, vgl.Begr.abgedr.bei Bartl Hdb.Btx-Recht S.44, Ring-Hartenstein Btx heute, S.73, krit.Lachmann GRUR 1988, 618 mit Hinweis auf die Entstehungsgeschichte

251 ebenso Lachmann WRP 1983, 591, 594, Wienke WRP 1986, 455, 456

werbliche Maßnahme von der Allgemeinheit, insbesondere von dem durch die Werbemaßnahme angesprochenen Verkehrskreisen, mißbilligt und als untragbar angesehen wird. Denn §1 UWG soll auch die Allgemeinheit vor Auswüchsen des Wettbewerbs bewahren[252]. Die unverlangte Werbung im Btx-Mitteilungsdienst stelle eine Belästigung dar, da der Btx-Teilnehmer bei der Überprüfung des elektronischen Briefkastens eine gewisse Zeit benötige, wesentliche und unwesentliche Mitteilungen zu trennen und eine Löschung der Werbemitteilungen zunächst deren Abruf und damit deren erzwungene Kenntnisnahme voraussetze. Diese zugestandenermaßen eingetretene Belästigung war vom LG Berlin und vom KG jedoch noch nicht als unzumutbar im Sinne des §1 UWG eingestuft worden. Die Kenntnisnahme benötige nur eine kurze Zeitspanne und sei damit vergleichbar der Wahrnehmung von Werbung bei Gängen durch die Stadt, Blick in Zeitschriften sowie der Teilnahme an Rundfunk und Fernsehen. Auch sei bisher eine Entwicklung nicht erkennbar, daß durch Nachahmung eine über das zumutbare Maß hinausgehende Störung erreicht werden könne[253]. Jedenfalls in Berlin entstünden dem Benutzer auch aufgrund des dortigen Telefongebührentarifes keine zusätzlichen Kosten infolge der Verzögerung durch die Kenntnisnahme der Mitteilung. Schließlich diene Btx als neues Medium gerade der Kommunikation, bei seiner Entscheidung für den Anschluß an ein solches System müsse dem Bewerber bewußt sein, daß der Btx-Mitteilungsdienst Botschaften und Informationen wirtschaftlicher Art enthalte, zu denen auch die oft gar nicht davon zu trennende Werbung gehöre[254]. Der BGH zieht demgegenüber deutlicher die Parallele zu seinen Entscheidungen zur Telefon- und Telexwerbung und verweist nachdrücklich auf das dort entwickelte Moment der Nachahmungsgefahr, nach dem eine Werbeart schon dann als unlauter zu beurteilen sei, wenn sie den Keim zu immer weiterem Umsichgreifen in sich trage und damit erst zu einer untragbaren Belästigung und zu einer Verwilderung der Wettbewerbssitten führt[255]. Es liege nun nahe, daß zumindest Teile der Werbewirtschaft sich der fraglichen Methode bei zunehmender Btx-Verbreitung bedienen und damit weitere Mitbewerber zu einem solche Vorgehen nötigen würden. Namentlich bei solchen Adressaten, die aus bestimmten Gründen für die Werbung besonders interessant erscheinen und gerade unter Btx-Teilnehmern nicht selten sein dürften, sei die Gefahr der Überflutung mit Werbung, der Überfüllung des elektronischen Briefkastens und der Überbeanspruchung mit Zeit zum Abruf der Werbung groß. Dem Btx-Teilnehmer könne nicht angesonnen werden, den Mitteilungsdienst, an dem ihm aus verschiedenen Gründen sehr gelegen

---

252 BGHZ 103, 203, 206 m.w.N.

253 LG Berlin NJW 1984, 2423f.

254 KG NJW 1986, 3215, 3216

255 BGHZ 103, 203, 209 m.w.N.

sein könne, gänzlich sperren zu lassen, weil er nur damit einer für ihn unerträglichen Belästigung durch unerwünschte Werbung Dritter entgehen könne.

Die Entscheidung des BGH verwirklicht angemessen den Schutz des Btx-Teilnehmers und verdient daher Zustimmung. Allerdings sei erneut der Hinweis angebracht, daß es im Begründungszusammenhang nicht des Rückgriffs auf das Argument der unzumutbaren Belästigung bedurft hätte. Daß das Argument in dem vom BGH in Bezug genommenen Persönlichkeitsschutz des Umworbenen nicht recht einzuordnen ist, sondern eher an das Merkmal der Sozialadäquanz erinnert, wurde bereits erwähnt. Im vorliegenden Fall hätte der unverhältnismäßige Eingriff in das Recht des Btx-Benutzers, von der Auseinandersetzung mit Werbung im Privatbereich verschont zu bleiben, angesichts der für die Leerung seines elektronischen Briefkastens erheblichen Zeitinvestition und dem Erfordernis, aufgrund der technischen Eigenarten eine Löschung der Mitteilungen nur über ein vollständiges Abrufen derselben erreichen zu können, vollauf genügt. Stattdessen steht im Mittelpunkt der Entscheidungsgründe das begrifflich unscharfe Belästigungsargument, dessen mangelnde Brauchbarkeit bereits daran sichtbar wird, wie unterschiedlich die Einzelinstanzen im vorliegenden Fall den Grad der Belästigung eingestuft haben. Daß dies letztlich auf der erforderlichen Interessenabwägung beruht, soll nicht bestritten werden. Das Belästigungsargument erleichtert diese jedoch nicht, sondern verdunkelt lediglich die tatsächlich in Rechnung zu stellenden Einzelinteressen.

Der BGH hat freilich darauf hingewiesen, daß seine wettbewerbsrechtlichen Bedenken hinfällig wären, wenn zwischenzeitlich die Möglichkeit geschaffen sei, Werbemitteilungen auch im Mitteilungsdienst schon anhand des Inhaltsverzeichnisses nicht nur ohne weiteres als solche identifizieren, sondern auch ohne vorherigen Abruf und Bildaufbau auf dem Bildschirm zu löschen[256]. Die technischen Voraussetzungen gerade hierfür sind aber mittlerweile geschaffen worden[257], womit die Entscheidung des BGH nun bereits wieder durch die technische Entwicklung überholt ist. Sie dürfte allerdings ihrerseits grundlegend für die Beantwortung der Frage sein, ob für die nunmehr bestehende Möglichkeit der Kennzeichnung (s.o.) aus wettbewerbsrechtlichen Gesichtspunkten eine Pflicht besteht. Angesichts der vom BGH dargelegten Begründung ist eine solche Verpflichtung aus §1 UWG zu bejahen, um den Btx-Benutzer nicht trotz der Kennzeichnungsmöglichkeit für ihn unzumutbaren Persönlichkeitseingriffen auszusetzen[258].

---

[256] BGHZ 103, 203, 212

[257] Lachmann GRUR 1988, 617ff.

[258] Lachmann GRUR 1988, 618, Baumbach-Hefermehl §1 UWG Rz.25, 70

3. Anwendbarkeit von § 1 HTWiG im Rahmen von Btx

Bereits vor dem Inkrafttreten des HTWiG wurde gefordert, daß auch im Wege des Btx-Dienstes abgeschlossene Rechtsgeschäfte dem Widerrufsrecht des Gesetzes unterliegen sollten[259]. Im Gesetzgebungsverfahren wurde jedoch davon ausgegangen, daß eine Einbeziehung von Btx-Geschäften in die Regelungen des HTWiG angesichts der derzeit unüberschaubaren Entwicklung noch nicht möglich sei[260]. Eine Ausdehnung des Widerrufsrechts de lege lata erscheint daher nicht möglich. Eine Anwendung von §1 HTWiG wird in der Diskussion bislang ganz überwiegend abgelehnt mit der Erwägung, die Beschaffung der erforderlichen Software sowie das Einschalten des Gerätes durch den Kunden sei ein der vorhergehenden Bestellung gleichwertiger Ausschluß-tatbestand bzw. das für das Widerrufsrecht erforderliche Kriterium der anbieterorientierten Kontaktaufnahme zu verneinen[261]. Darüber hinaus dürfte es auch an dem tatbestandlichen Erfordernis der mündlichen Verhandlung in §1,I Nr.1 HTWiG fehlen, demzufolge eine Einwirkung auf den Kunden durch ein Gespräch zu erfolgen hat. An eine derartige Kommunikationsform reichen die Möglichkeiten von Btx bislang nicht heran.

---

259 Micklitz NJW 1982, 263, 268

260 Bennemann JR 1986, 358, 361, SPD-Entwurf BT-Drucks 10/584 S.5, Stellungnahme BReg BT-Drucks 10/1254 S.8

261 vgl.den Diskussionsbericht in ZHR 151 (1987) , 180, 192

Teil 3

Einordnung der Einzelvorschriften zur Briefkasten-, Telefon-, Haustür- und Btx-Werbung in die Geschäftsbeziehung zwischen Bank und Kunde

I. Ausgangspunkt und Aufgabenstellung

Bislang wurde überwiegend versucht, den Ausgleich zwischen dem Schutz des Umworbenen in seinen Rechten und dem legitimen Interesse der Bank an Werbung ausschließlich anhand der für die jeweilige konkrete Situation einschlägigen Rechtsvorschriften vorzunehmen, ohne dabei bereits auf die Besonderheiten des Verhältnisses zwischen Bank und Kunde abzustellen. Im folgenden soll dieses Merkmal der Bank-Kunden-Geschäftsbeziehung in die Darstellung aufgenommen werden. Um einen Ansatzpunkt für die Einfügung der Geschäftsbeziehung in die erörterten Einzelvorschriften auszumachen, empfiehlt sich zunächst ein systematischer Vergleich dieser Rechtsnormen untereinander, der die Gemeinsamkeiten und Unterschiede hinsichtlich Tatbestand und Funktion zutage treten läßt.

Daß die bisher betrachteten Einzelvorschriften der §§823,1004 BGB für das allgemeine Persönlichkeitsrecht, §§55ff.GewO, §1 UWG, §1 HTWiG, §11 AuslInvG, §23 KAGG nicht beziehungslos nebeneinander stehen, liegt auf der Hand. Ebenso einleuchtend ist freilich, daß die Normen sowohl ihrer dogmatischen Struktur wie ihrem Anwendungsbereich nach erheblich untereinander differieren. Sie reichen vom individuellen bürgerlich-rechtlichen Anspruch aus dem allgemeinen Persönlichkeitsrecht bis zur öffentlich-rechtlichen Verbotsvorschrift des §56,I GewO. Diese wiederum sowie §11 AuslInvG, §23 KAGG betreffen lediglich Geschäfte ganz bestimmten Inhalts, während §1 HTWiG zwar alle Arten von Geschäften, andererseits aber auch nur einzelne Arten des Direktmarketing, vorwiegend den Haustürbesuch erfaßt. Der Anspruch aus dem allgemeinen Persönlichkeitsrecht kann demgegenüber grundsätzlich allen dargestellten Formen der Werbung entgegengesetzt werden. Trotz dieser im einzelnen erheblichen Unterschiede wäre eine überzeugende Klärung der Grenzen der Vorschriften untereinander und für die jeweiligen Werbemaßnahmen der Bank insgesamt unter Berücksichtigung der Bank-Kunden-Beziehung gerade dann erreichbar, wenn es gelänge, die Einzelnormen in einen Zusammenhang zu bringen, der zumindest teilweise einen einheitlichen dogmatischen Hintergrund aufweist.

II. Der Schutz der Persönlichkeit des Umworbenen

Insbesondere bei der Briefkasten- und Telefonwerbung und ihrer Beurteilung anhand einer Verletzung des allgemeinen Persönlichkeitsrechts wurde deutlich, daß im Hintergrund der einzelnen Interessen jeweils verfassungskräftige Positionen stehen. Das Bestreben des Kunden, von dem Zwang mit der Auseinandersetzung mit den Methoden des Direktvertriebes frei zu bleiben, findet eine Stütze im allgemeinen Persönlichkeitsrecht, daß das Bundesverfassungsgericht als "unbenanntes" Freiheitsrecht aus der Verbindung von Art.1,I und Art.2,I GG hergeleitet hat. Seine Aufgabe besteht in der Gewährleistung der engeren persönlichen Lebenssphäre und der Erhaltung ihrer Grundbedingungen gerade auch gegenüber den mit modernen Entwicklungen verbundenen neuen Gefährdungen für den Schutz der menschlichen Persönlichkeit[1]. Daneben enthält Art.2,I GG das aktive Element der freien Entfaltung der Persönlichkeit, der allgemeinen Handlungsfreiheit, von dem sich das allgemeine Persönlichkeitsrecht als Recht auf Respektierung des geschützten Bereichs abhebt[2]. Dem Schutz des Persönlichkeitsrechts durch Art.2,I GG zugrunde liegt der Gedanke der Selbstbestimmung[3]. Auf der anderen Seite findet der Werbende Schutz für sein Verhalten im Recht auf freie wirtschaftliche Betätigung aus Art.2,I GG und dem Recht der Berufsfreiheit aus Art.12,I GG. Angesichts dieses Befundes liegt es nahe, daß nicht nur die Interessenabwägung innerhalb des zivilrechtlichen allgemeinen Persönlichkeitsrechts, sondern auch die übrigen für die Beurteilung des Direktvertriebs relevanten Normen Konkretisierungen dieser verfassungsrechtlichen Positionen darstellen, die sich freilich innerhalb des dem Gesetzgeber zustehenden Gestaltungsspielraumes[4] bewegen. Sucht man daher ein Kriterium, anhand dessen man die verschiedenen Vorschriften in eine Ordnung bringen könnte, so fällt zunächst auf, daß ihnen allen gemeinsam das Bestreben nach Schutz vor Überrumpelung und Belästigung und damit der Beeinträchtigung der Entschließungsfreiheit sowie vor dem Eindringen in die Privatsphäre ist. Eine einheitliche Charakterisierung der verschiedenartigen Normen läßt sich dann damit erreichen, daß man sie aufgrund dieser Gemeinsamkeit als Vorschriften des Persönlichkeitsschutzes zumindest im weiteren Sinne, und zwar bezogen auf dessen oben dargestellte zwei Komponenten begreift. Diese These bedarf indes der

---

1 BVerfGE 54, 148, 153, BVerfGE 65, 1, 41, von Münch GGK, Art.2 Rz.22

2 BVerfGE 54, 148, 153

3 BVerfGE 54, 148, 155, BVerfGE 65, 1, 42

4 BVerfG JZ 1990, 691, 692, Canaris AcP 184(1984), 201, 227

näheren Erläuterung, die nachweisen soll, inwiefern die betrachteten Einzelvorschriften auf ein einheitliches Motiv des Schutzes der Privatsphäre und der persönlichen Entschließungsfreiheit und damit eines persönlichkeitsorientierten Schutzes rückführbar sind.

1. Das allgemeine Persönlichkeitsrecht im Zivilrecht

Relativ leicht läßt sich ein an den Maßstäben des Schutzes der Persönlichkeit anknüpfender Charakter selbstverständlich am Tatbestand des allgemeinen Persönlichkeitsrechts aufzeigen. Während §823,I BGB seinem Wortlaut nach nur Teilbereiche der Persönlichkeit wie Leben, Gesundheit und Freiheit schützt und die ältere Rechtsprechung und Lehre demzufolge die Existenz eines allgemeinen Persönlichkeitsrechts ablehnten, hat der BGH bekanntlich seit seiner Leserbrief-Entscheidung[5] unter weitgehender Zustimmung im Schrifttum[6] das allgemeine Persönlichkeitsrecht als sonstiges Recht im Sinne des §823,I BGB anerkannt unter ausdrücklicher Berufung auf die Bedeutung der Art.1 und 2 GG. Die exakte dogmatische Herleitung des allgemeinen Persönlichkeitsrechts aus der Verfassung wirft zwar im einzelnen Probleme auf[7], wird jedoch mittlerweile trotz Uneinigkeit über die Art und Weise der Einwirkung des Verfassungsrechts in das Privatrecht im Ergebnis wohl nicht mehr bestritten[8]. Ihre Legitimität findet diese Rechtsfortbildung in der Tatsache, daß sie ein rechtsethisches Prinzip entfaltet, das auf dem Hintergrund einer gesteigerten Sensibilität angesichts neuer Techniken wie etwa auch einer aggressiver gewordenen Wirtschaftswerbung an Bedeutung gewann[9]. Das vom BGH als absolutes Recht im Sinne des §823,I BGB[10] eingestufte allgemeine Persönlichkeitsrecht vermittelt umfassenden Persönlichkeitsschutz und zwar sowohl in statischer Sicht in Form eines Rechtes, in Ruhe gelassen zu werden, als auch in dynamischer Sicht in Form eines Rechtes auf Selbstbestimmung und freier Gestaltung[11]. In der zivilrechtlichen Dogmatik hat sich dabei trotz kritischer Stellungnahmen[12] der Ansatz Hubmanns[13] durchgesetzt,

---

[5] BGHZ 13, 334ff.

[6] Dürig in:Maunz-Dürig Art.1 Rz.38, RGRK-Dunz §823 Anh.Rz.5, Fikentscher S.743f., Staudinger-Schäfer §823 Rz.210

[7] vgl.Dürig in:Maunz-Dürig Art.1 Rz.57, Staudinger-Schäfer §823 Rz.198, krit.zur Vorgehensweise in BGHZ 13, 334, 338 insbesondere Canaris AcP 184(1984) , 201, 230f.

[8] vgl.BVerfGE 34, 269, 281:"fester Bestandteil unserer Privatrechtsordnung"

[9] Gernhuber S.193

[10] BGHZ 24, 77;50, 143 m.w.N.

[11] Staudinger-Schäfer §823 Rz.211

[12] zB Schwerdtner, S.82ff., W.Schmidt JZ 1974, 241, 243f., Erman-Ehmann Anh.§12 Rz.25ff.

[13] Hubmann S.269f., vgl.etwa BGH NJW 1987, 2667

den Schutz der Persönlichkeit neben einem aktiven Element in Form des Rechts freier Gestaltung und Selbstbestimmung durch das verräumlichende Bild von Sphären zu umschreiben, von denen hier der weitere Umkreis, nämlich der der Privatsphäre einschlägig ist[14]. Seinen inneren Grund hat der Schutz der Privatsphäre freilich in der Achtung der Person sowie der Sicherung der Selbstbestimmung und der Entschließungsfreiheit des einzelnen. Im Ergebnis dürfte daher im hier interessierenden Zusammenhang Einigkeit darüber bestehen, daß jedenfalls die Privatsphäre sowie die freie und eigenverantwortliche Selbstbestimmung des einzelnen Gegenstand des Schutzes des allgemeinen Persönlichkeitsrechts ist[15].

Der Schutz richtet sich dabei schwerpunktmäßig auf die individuelle Persönlichkeit natürlicher Personen; wegen dieses Charakters, der dem Recht auch bereits infolge seiner Herleitung aus den Art.1,I und 2,I GG zukommt (vgl.Art.19,III GG) können juristische Personen und Personengesellschaften nur unter erheblichen Einschränkungen und nur unter besonderen Voraussetzungen in funktionsbestimmter Weise den Schutz des allgemeinen Persönlichkeitsrechts für sich in Anspruch nehmen[16], nämlich wenn und soweit ihr sozialer Geltungsanspruch in ihrem speziellen Aufgabenbereich betroffen ist. Bei Werbung im Rahmen geschäftlicher Beziehungen in Bezug auf Geschäfte, die nicht den privaten Bereich betreffen, dürfte darüber hinaus eine Verletzung des allgemeinen Persönlichkeitsrechts durch die werbende Maßnahme selbst wohl kaum vorkommen, wenn nicht noch ein besonderer verletzender Inhalt der Werbung hinzutritt.

2. Persönlichkeitsschutz durch § 1 UWG

Es läßt sich nicht bestreiten, daß §1 UWG sowohl seiner ursprünglichen Intention wie auch dem Schwerpunkt seiner Anwendung nach vorrangig die Interessen der Mitbewerber und nicht die der Verbraucher verfolgt. Andererseits hatte bereits die reichsgerichtliche Rechtsprechung in einzelnen Urteilen dem Schutz der Persönlichkeit auch im Wettbewerbsrecht Rechnung getragen[17]. Unter der Geltung des Grundgesetzes haben sich diese Tendenzen auch

---

[14] Staudinger-Schäfer §823 Rz.255, Palandt-Thomas §823 Rz.178, Fikentscher S.744, Freund S.173, Erman-Weitnauer Anh.zu §12 Rz.49ff., RGRK-Dunz §823 Anh.Rz.12

[15] BGH NJW 1987, 2667, Münch-Komm-Schwerdtner §12 Rz 201, Staudinger-Schäfer §823 Rz 201, 257, Palandt-Thomas §823 Rz.177, Schlechtriem DRiZ 1975, 65, 66, Erman-Ehmann Anh.§12 Rz.28, krit. aber Rz.20

[16] BGHZ 98, 94, 97;BGHZ 81, 75, 78;BGH NJW 1981, 2117, 2119, RGRK-Dunz §823 Anh.Rz.123, Palandt-Thomas §823 Rz.181, Erman-Ehmann Anh.§12 Rz.101f., Freund S.151f., weitergehend (keinen Schutz) Staudinger-Schäfer §823 Rz 202

[17] RGZ 69, 401, 403f.;79, 397, 401, vgl.auch Krüger-Nieland WRP 1979, 1, 5

für den Bereich des §1 UWG verstärkt[18]. Das Merkmal des Verstoßes gegen die guten Sitten im Wettbewerb ist aufgrund des generalklauselartigen Charakters besonders geeignet, die Wertungen des Grundgesetzes, insbesondere der Grundrechte und von diesen wiederum das allgemeine Persönlichkeitsrecht gemäß Art.1 und 2 GG zu berücksichtigen[19]. So haben Rechtsprechung und Lehre den Gedanken fortentwickelt, daß §1 UWG nicht nur den Schutz vor dem unlauter handelnden Konkurrenten für die Gewerbetreibenden bezwecke, sondern auch die Allgemeinheit vor Auswüchsen von Werbung bewahrt werden solle[20]. Für den Maßstab dessen, was der Allgemeinheit noch zumutbar ist, wird nun wieder der grundrechtliche Persönlichkeitsschutz der Art.1 und 2 GG als wertentscheidende Normen herangezogen, deren Schutz der Individualsphäre gegenüber den wirtschaftlichen Gewinnstreben Dritter Vorrang zukomme. Ausdrücklich hat der BGH den Schutz der Privatsphäre durch §1 UWG in seinen Entscheidungen zur Telefonwerbung betont[21]. Aufschlußreich ist dabei die Entwicklung der Rechsprechung zu dieser Thematik, die an den Verweisungen in den jeweiligen Urteilen sichtbar wird. So enthalten die Entscheidungen, auf die sich das Urteil des BGH zur Telefonwerbung-I bezieht, ganz überwiegend lediglich Ausführungen, die für die Frage der Bewahrung der Allgemeinheit vor Wettbewerbsauswüchsen nicht etwa die Individualsphäre[22], sondern bezeichnenderweise nur die Belange des Volkes im ganzen als Kriterium heranziehen[23], bzw. auf eine allgemeine Beunruhigung des wirtschaftlichen Lebens abstellen[24]. Die etwa von der Anzeigenblatt-Entscheidung wiederum in Bezug genommene Lockenwickler-Entscheidung des Reichsgerichts sieht den Schutz der Allgemeinheit dann nur noch darin, daß diese vor Gefährdungen des wirtschaftlichen Lebens durch Belastungen und Aufwendungen bewahrt wird, die schließlich die Allgemeinheit zu tragen hat[25], während die belästigende Werbung in der Rechtsprechung des Reichsgerichts erst spät und nur vereinzelt in Erscheinung tritt[26]. Vor diesem Hintergrund erhält die Telefonwerbungsentscheidung mit ihrer Berücksichtigung des individuell ausgerichteten Persönlichkeitschutzes erst ihr gebührendes Gewicht, zumal sie mit der Betonung des Persönlichkeitsschutzes den ver-

---

[18] vgl.Krüger-Nieland GRUR 1974, 561

[19] vgl.Baumbach-Hefermehl Einl UWG Rz.93

[20] BGHZ 19, 392, 396, BGHZ 54, 188, 190, BGHZ 59, 317, 322, BGHZ 103, 203, 206, BGH NJW 1989, 2820

[21] BGHZ 54, 188, 190, BGH NJW 1989, 2820, BGH ZIP 1990, 199=JZ 1990, 251, vgl.RGRK-Dunz §823 Anh.I, Rz.76

[22] so lediglich BGH GRUR 1965, 315, 316

[23] BGHZ 19, 392, 396-Anzeigenblatt-

[24] BGH GRUR 1959, 277, 279, BGH GRUR 1967, 430, 431

[25] RGZ 160, 385, 388

[26] vgl.RGZ 145, 396, 402, RG GRUR 1940, 54, 57

fassungsmäßigen Anforderungen der Art.1 und 2 GG voll entspricht. Die Beeinflussung des Kunden gehört zwar zum Wesen des Wettbewerbs, nicht aber die Beeinträchtigung der Entschließungsfreiheit des Kunden. Insofern dient §1 UWG auch dem Verbraucherschutz, indem er die freie Willensentscheidung ermöglichen und sichern will[27]. Das grundsätzliche Unwerturteil, das demzufolge etwa die Telefonwerbung genießt, wurzelt denn auch in der Gefährdung der Willens- und Entschließungsfreiheit des Umworbenen[28] und damit der Freiheit der Persönlichkeit selbst[29]. §1 UWG erweist sich daher als eine Norm des Persönlichkeitsschutzes[30].

Von den Fallgruppen, die in Rechtsprechung und Schrifttum erarbeitet worden sind, sind im vorliegenden Zusammenhang vorrangig die der Belästigung und die der Überrumpelung[31] zu beachten, die einen Schutz vor der Beeinträchtigung der Entschließungsfreiheit des Umworbenen zum Gegenstand haben.

Dem persönlichkeitsorientierten Charakter des Schutzes gemäß ist auch hier wie im Rahmen des §823,I BGB im Auge zu behalten, daß bei werbenden Handlungen im Rahmen der Geschäftstätigkeit der Schutz des §1 UWG ausscheidet[32]. Das jüngste Urteil des BGH zur Telefonwerbung, das eine Verletzung des §1 UWG auch bei Werbeanrufen gegenüber einem Gewerbetreibenden annimmt[33], steht hierzu nicht in Widerspruch. Die fragliche Werbemaßnahme betraf nämlich persönliche Anschaffungen des umworbenen Rechtsanwaltes, so daß sie sich durchaus auf die Privatsphäre richtete und nur den Umweg zur Erreichung des Kunden durch dessen Geschäftsanschluß nahm. Will man bei Gewerbetreibenden Umgehungen des Schutzes vermeiden, wenn sie für den Privatbereich am Arbeitsplatz und nicht zuhause angerufen werden, dann ist die Anwendung des §1 UWG im genannten Fall konsequent. Dem BGH ist daher zuzustimmen.

---

[27] Baumbach-Hefermehl Einl UWG Rz.79

[28] Ehlers WRP 1983, 187, 190, Emmerich, S.122ff., 127, Krüger-Nieland GRUR 1974, 561, 562

[29] Krüger-Nieland WRP 1979, 1, 5, Jacobs in:Gloy §49 Rz.35

[30] Teske/Simon in:Magoulas/Simon S.335, Sack NJW 1975, 1303, 1304, Jacobs in:Gloy §49 Rz.35, Krüger-Nieland GRUR 1974, 561ff., Reich/Wegener JuS 1974, 561, 562ff., ebenso unter Betonung der Parallelität zu §1 HTWiG Baumbach-Hefermehl §1 UWG Rz.82

[31] vgl.BGH GRUR 1975, 264, 265, Baumbach-Hefermehl §1 UWG Rz.52, 57ff., Jacobs in:Gloy §49 Rz.34, Lehmann GRUR 1974, 133, 134

[32] OLG Hamburg GRUR 1987, 60, Bülow WRP 1978, 774, 775 a.A.Nordemann Rz.185

[33] BGH NJW 1991, 2088

3. Der Schutz der Entscheidungsfreiheit durch § 1 HTWiG, § 11 AuslInvG, § 23 KAGG

Hinsichtlich der Situation, aus der sich für den Kunden das Recht zum Widerruf ergibt, knüpft der im vorliegenden Zusammenhang interessierende §1,I Nr.1 HTWiG tatbestandlich an das Merkmal der Privatwohnung an, betont also, das der Vertragsschluß sich außerhalb von Geschäftsräumen, vielmehr im Privatbereich des betroffenen Kunden abspielt. §11,I AuslInvG, §23,I KAGG stellen auf das Tätigwerden des Verkäufers bzw. Vermittlers außerhalb seiner ständigen Geschäftsräume ab. Die Entstehungsgeschichte des HTWiG läßt erkennen, das im Vordergrund der gesetzgeberischen Zielsetzung die Verwirklichung des Verbraucherschutzes durch Sicherung der Entschließungsfreiheit steht, indem das Widerrufsrecht in Fallgestaltungen gewährt wird, in denen typischerweise eine Gefährdung der Entschließungsfreiheit durch überraschendes Auftreten des Vertreters und durch Überrumpelung eintritt[34]. Der persönlichkeitsrechtlich orientierte Schutz läßt sich auch anhand eines systematischen Arguments nachweisen; nach §6 Nr.1 HTWiG besteht das Widerrufsrecht nämlich nicht, wenn der Kunde den Vertrag in Ausübung selbständiger Erwerbstätigkeit schließt, der Hausbesuch also nicht Privatpersonen gegenüber stattfindet und damit ein Eingriff in die Privatsphäre nicht erfolgt. Konsequenterweise genießt dieser Personenkreis jedoch den Schutz des §1,I HTWiG, soweit er als privater Verbraucher außerhalb seiner Erwerbstätigkeit angesprochen wird[35]. Seinem Schutzzweck nach zielt das HTWiG auf Situationen der Überrumpelung und der dadurch gegebenen Gefährdung der Entschließungsfreiheit, die gemäß §1,I Nr.1 HTWiG insofern eintritt, als der Vertreter in der Privatsphäre des Kunden vorstellig wird. Die Bedeutung, die das Gesetz gerade der Privatsphäre zumißt, läßt sich deutlich machen bei der Erwägung des gelegentlich geäußerten Arguments, die Lösung des §1 HTWiG als Schutz vor Überrumpelung sei rechtspolitisch nicht überzeugend, da der Kunde auch beim Betreten eines Ladens einem besonders geschulten Vertreter begegnen und von diesem überrumpelt werden könne[36]. Eben die Kategorie der Privatsphäre, in der der Verkäufer bei §1,I Nr.1 HTWiG tätig wird, verstärkt nämlich den Überraschungseffekt und erhöht damit die Gefährdung der Entscheidungsfreiheit des Kunden, was wiederum nicht der Fall ist, wenn der Kunde aus eigenem Entschluß einen Laden betritt. Das in den Fallgestaltungen des §1,I Nr.1 HTWiG vorliegende besonders intensive Einwirken auf die Person des Kunden gibt daher zu Recht den Anlaß, ihm zum Ausgleich ein

---

[34] BR-Begr.BT-Drucks.10/2876 S.1, 9f., ebenso für §11 AuslInvG Holschbach S.59f., Baur §11 AuslInvG Anm.I, ders.§23 KAGG Anm.I

[35] BT-Drucks 10/2876, S.14f., Palandt-Putzo §6 HTWiG Rz.2, Erman-Weitnauer-Klingsporn §6 HTWiG Rz.3, ebenso bereits Medicus, Gutachten S.526, 533, ders.Allg.Teil S.116

[36] so Gaul NJW 1990, 184

Gestaltungsrecht in Form des Widerrufs zuzusprechen, durch das seine freie Entschließung angemessen berücksichtigt wird.

Die Untersuchung der unterschiedlichen Normen in grammatischer, entstehungsgeschichtlicher, systematischer und telelogischer Sicht hat ergeben, daß bei den untersuchten Vorschriften der Schutz der Persönlichkeit ein wesentlicher Bestandteil des Anwendungsbereichs ist. Der Schutz der Entscheidungsfreiheit vor Überrumpelung, die Sicherung des lauteren Wettbewerbs sowie der Privatsphäre stehen nicht beziehungslos nebeneinander und stellen auch nicht je für sich den eigenen Selbstzweck dar, sie finden ihre eigentliche Berechtigung erst in der in ihnen gleichermaßen zum Ausdruck kommenden Achtung der Persönlichkeit. Alle Normen beziehen sich dabei vorrangig auf den Schutz natürlicher Personen und gewähren juristischen oder im Rahmen der Geschäftstätigkeit handelnden Personen nur eingeschränkten Schutz. Dies läßt sich damit begründen, daß es nicht Aufgabe des Persönlichkeitsschutzes sein kann, wirtschaftliche Risiken, die im geschäftlichen Verkehr der Unternehmen auftauchen, durch Eingriff in die Marktsituation abzudecken. Die Art und Weise des Schutzes läßt sich demnach wie folgt verallgemeinern: der Umworbene soll vor einer Beeinträchtigung der persönlichen Entschließungsfreiheit, die sich insbesondere aus dem überraschenden Auftreten des Vertreters in der Privatsphäre des Kunden ergibt, geschützt werden[37]. Aus dem weiten Bereich des Persönlichkeitsschutzes steht, da es sich bei den betrachteten Vorschriften um solche handelt, die sich mit Handlungen werbenden Charakters befassen, die Entschließungsfreiheit des Kunden im Vordergrund. Es bedarf an dieser Stelle nochmals des Hinweises, daß es sich bei der Anwendung der ins Auge gefaßten Einzelvorschriften erübrigt, auf das vor allem in der Rechtsprechung oft gebrauchte Argument der Belästigung zurückzugreifen, das nur ein eher undeutliches und dunkles Kriterium angibt. Schutzobjekt ist nämlich die Entscheidungs- und Selbstbestimmungsfreiheit, für deren Verletzung das Eindringen in die Privatsphäre spricht. Das Argument der Belästigung rückt die Beurteilung stattdessen in den Zusammenhang der Sozialadäquanz, ab wann eine Belästigung vertretbar ist[38], dies aber trägt zur zutreffenden Einordnung in den Persönlichkeitsschutz nichts bei, sondern lenkt vom eigentlichen Schutzobjekt ab.

---

[37] im Merkmal der Überrumpelung erblickt auch Medicus Gutachten S.523, 525, ders.SchuldR I, S.250 eine tragfähige Grundlage für einen derartigen Verbraucherschutz, vgl.im übrigen Erman-Ehmann Anh.§12 Rz.1f. mit Einordnung des Allgemeinen Persönlichkeitsrechts in das Zivilrecht allgemein

[38] hiergegen deshalb zu Recht auch Freund S.148f.

III. Einschränkung des Persönlichkeitsschutzes des Umworbenen durch Selbstgestaltung

Als Folgerung daraus, daß der Schutz des Umworbenen generell Persönlichkeitsschutzcharakter trägt, ergibt sich zunächst, das aufgrund des hohen rechtsethischen Gehaltes des Persönlichkeitsschutzes die Anforderungen für die Zulassung von Durchbrechungen dieses Schutzes grundsätzlich streng zu handhaben sind. Dies findet seinen Ausdruck unter anderem darin, daß der Schutz der Privatsphäre vor dem wirtschaftlichen Gewinnstreben grundsätzlich der Vorrang zukommt[39]. Insbesondere kann ein einzelnes Kriterium wie etwa die Sozialadäquanz oder das Vorliegen einer laufenden Geschäftsbeziehung allein in der Regel nicht genügen, um einen Eingriff zu rechtfertigen[40]. In der Regel der Fälle wird es vielmehr erforderlich sein, die Zustimmung des Betroffenen selbst einzuholen. Ein solches Element der Einwilligung würde am besten dem Persönlichkeitsschutz Rechnung tragen, indem der im Schutz seiner Persönlichkeit Betroffene selbst Umfang und Grenze der Zulässigkeit des jeweiligen Eingriffs eigenverantwortlich bestimmte. Wie der Grundsatz der Privatautonomie ist auch die Einwilligung Ausdruck der Möglichkeit des einzelnen, die ihn unmittelbar angehenden Angelegenheiten in eigener Verantwortung frei zu gestalten[41]. So rührt denn die Anerkennung der rechtfertigenden Einwilligung, die als solche nicht ausdrücklich kodifiziert ist, her von dem im BGB zugrundegelegten Prinzip der Privatautonomie[42], weil der einzelne, soweit die Rechtsordnung ihm Dispositionsfreiheit über das jeweilige Rechtsgut gewährt, nicht weiter geschützt werden soll und kann, als er es verlangt. Die Einschränkungen, die die Privatautonomie durch den Verbraucherschutz erfährt[43], verlieren an Rigorosität, wenn die Geltendmachung des Schutzes ihrerseits der Gestaltung des Einzelnen obliegt und auf diese Weise gleichsam eine Rückbindung an das System der Privatautonomie erfolgt. Tatsächlich läßt sich im Tatbestand aller herangezogenen Rechtsvorschriften ein Element mit Einwilligungscharakter ausmachen.

1. Die Einwilligung beim allgemeinen Persönlichkeitsrecht

Dies fällt zunächst wiederum am leichtesten im Rahmen des Schutzes des allgemeinen Persönlichkeitsrechts nach Maßgabe der §§823,I;1004 BGB.

---

[39] BVerfGE 32, 311, 318;a.A.offenbar Erman-Ehmann Anh.§12 Rz.60

[40] so auch nun die Tendenz in der Rechtspr.zur Telefonwerbung vgl.BGH NJW 1989, 2820, a.A.LG Oldenburg GRUR 1988, 551, 552

[41] Larenz AT S.41, RGRK-Steffen §823 Rz.377

[42] Esser Schuldrecht 2.Aufl., S.193, Kohte AcP 185(1985) , 105, 110, in diesem Sinne auch BVerfGE 52, 131, 168f.

[43] vgl.etwa die Bedenken bei Canaris ZIP 1980, 701

Aufgrund des deliktischen Charakters des Schutzes ist jedenfalls die Rechtswidrigkeit[44] eines Eingriffs in das allgemeine Persönlichkeitsrecht zu verneinen, wenn bei Vornahme des Eingriffs eine Einwilligung des Inhabers des geschützten Rechts vorliegt. Die rechtfertigende Einwilligung hat ihre eigentliche Bedeutung im Strafrecht erfahren, sie findet allerdings auch im Zivilrecht, hier vorzugsweise im Deliktsrecht Anwendung. Ihre Eigenheiten seien an dieser Stelle kurz skizziert.

Die Einwilligung ist ein Rechtfertigungsgrund[45]. Sie enthält die Gestattung oder Ermächtigung desjenigen, dessen Recht durch den Eingriff betroffen wird, zur Vornahme tatsächlicher Handlungen, die in den Rechtskreis des Gestattenden eingreifen, seine Güter verletzen oder mehr als erlaubt gefährden[46]. Sie kann Bestandteil eines auf weitere Rechtsfolgen gerichteten Vertrages, wie eine Miet-, Pacht- oder Leihvertrages sein und ist dann Teil eines Rechtsgeschäftes, mit dessen Wirksamkeit sie steht und fällt[47]. Häufiger jedoch wird die Einwilligung für sich allein erteilt; in diesem Fall handelt es sich nach überwiegender Auffassung[48] bei ihr um eine geschäftsähnliche Willenserklärung, auf die die Vorschriften über Rechtsgeschäfte nur entsprechend und mit Einschränkungen anwendbar sind. Während die Behandlung eines Irrtums bei der Erklärung einer Einwilligung umstritten ist[49], dürfte Einmütigkeit darüber bestehen, daß im Gegensatz zu einer rechtsgeschäftlich erteilten Einwilligung diese eo ipso, und ohne daß es einer Anfechtung bedarf unwirksam ist, wenn sie unter Täuschung oder Zwang zustande kam. Denn Voraussetzung der Einwilligung ist, daß der Betroffene die Entscheidungsfreiheit, von deren Gebrauch das Institut der Einwilligung ausgeht, auch real hatte[50]. Die Einwilligung muß dem Eingriff zeitlich vorangehen[51]. Maßgeblich ist bei der rechtfertigenden Einwilligung nicht der innere, sondern der erklärte Wille[52]. Dies ergibt sich aus der Funktion der Einwilligung als Disposition über ein Rechtsgut, als die sie notwendig auf zwischenmenschlichen Kontakt hin angelegt ist und insofern eines Erklärungsaktes und als Rechtfer-

---

44 vgl.Erman-Weitnauer Anh zu §12 Rz.4, Staudinger-Schäfer §823 Rz.455, nach der Konstruktion Hubmanns entfällt beim allgemeinen Persönlichkeitsrecht bereits die Tatbestandsmäßigkeit, Hubmann S.150, 170

45 Soergel-Zeuner §823 Rz.377, RGRK-Steffen §823 Rz.377, Staudinger-Schäfer §823 Rz.455

46 Larenz Schuldrecht BT S.594

47 Larenz Schuldrecht BT S.594, RGRK-Steffen §823 Rz.377

48 BGHZ 29, 33, 36, Palandt-Heinrichs Rz.6, Staudinger-Dilcher Anm 18 u.22 vor §104 m.w.N., a.A.RGRK-Steffen §823 Rz.377

49 vgl.Kohte AcP 185(1985) , 105, 139ff., RGRK-Steffen §823 Rz.380

50 Staudinger-Schäfer §823 Rz.464, Kohte AcP 185(1985) , 105, 155

51 BGHSt 7, 295;17, 360

52 BGH NJW 1956, 1106, Staudinger-Schäfer §823 Rz.463

tigungsgrund der Eindeutigkeit bedarf[53]. Es wirkt daher befremdlich, wenn der BGH in Urteilen zur Direktwerbung argumentiert, daß in bestimmtem Rahmen eine Einwilligung oder ein Einverständnis des Umworbenen in die Vornahme von Direktwerbung stillschweigend vorausgesetzt werden könne[54]. Aufgrund ihres rechtsgeschäftlichen Charakters ist die für Willenserklärungen grundsätzliche Gleichstellung konkludenter Erklärung mit ausdrücklichen Willenserklärungen auch auf den Bereich der Einwilligung zu übertragen[55]. Angesichts der sachlichen Nähe zum Verzicht und der damit verbundenen Preisgabe von Rechtsgütern wird jedoch für die Annahme konkludenter Einwilligungserklärungen besondere Vorsicht angemahnt[56]. Ein allgemeiner Erlaubniswillle darf nicht von vorneherein unterstellt werden, wenn nicht bloße Konstruktionen fiktiver Willenserklärungen geschaffen werden sollen. Für die Erklärung durch schlüssiges Verhalten ist dabei entscheidend, daß der konkrete Geschehenszusammenhang unter Beachtung der Verkehrssitte den Erklärungswert der Handlung bestimmt[57]. Wegen ihrer rechtfertigenden Funktion kann die Einwilligung jedoch die Vermutung für die Rechtswidrigkeit einer tatbestandlichen Verletzung nur dann ausräumen, wenn sie auch bestimmt und eindeutig ist. Unter Umständen kann auch Schweigen eine dementsprechende Erkärung beinhalten, wenn es als Erklärungszeichen bestimmt ist; dies ist insbesondere bei Geschäften innerhalb einer Geschäftsverbindung der Fall, in der auf Grund der Praxis der Geschäftspartner Schweigen ein vereinbartes Erklärungszeichen der Zustimmung ist[58]. Als Gegenbeispiel verdient jedoch der Versuch hervorgehoben zu werden, mit dem das Bankauskunftsverfahren vor 1984 durch ein stillschweigend vorauszusetzendes Einverständnis des Kunden gerechtfertigt wurde, indem ein solches angeblich jedem Vertrag zwischen dem Kunden und seiner Bank immanent sei[59]. Als Ausdruck freier Selbstgestaltung und ihrer Funktion der Aktualisierung und Konkretisierung des Selbstbestimmungsrechts ist die Einwilligung stets widerruflich[60].

---

[53] Kohte AcP 185(1985) , 105, 122

[54] vgl.BGHZ 60, 296, 300-Briefwerbung-

[55] BGHZ 29, 176, 180, BGH NJW 1971, 1887

[56] Kohte AcP 185(1985) , 105, 123

[57] BGH NJW 1962, 1248, Erman-Brox vor §116 Rz.7, Staudinger-Dilcher Vorbem §§116-144 Rz.13

[58] Flume §5, 2a

[59] Schraepler NJW 1972, 1836, 1838f., gegen ihn zu Recht Canaris Bankvertragsrecht Rz 57

[60] Hubmann S.171, RGRK-Steffen §823 Rz.379

2. Das Erfordernis der Einwilligung bei § 1 UWG

Im Rahmen des §1 UWG ist bei der ins Auge gefaßte Fallgruppe der Belästigung und Überrumpelung die in der Rechtsprechung gewonnene Erkenntnis maßgeblich, daß ein Verstoß gegen die guten Sitten im Wettbewerb dann ausscheidet, wenn ein Einverständnis des Umworbenen vorlag oder zumindest vorausgesetzt werden konnte[61]. Auswüchse im Wettbewerb durch unzumutbare Belästigungen der Allgemeinheit liegen nicht vor bei einer zuvor geäußerten wirksamen Einwilligung. Gerade in seinen jüngeren Urteilen zur Telefonwerbung mißt der BGH in zutreffender Würdigung des Selbstbestimmungsrechts des Umworbenen dessen Einverständnis eine größere Bedeutung zu, während das Belästigungsargument, das eher in den Bereich der Sozialadäquanz zu verweisen schien, demgegenüber zurücktritt[62]. Dies ist notwendige Folge der bereits aufgezeigten gesteigerten Bedeutung des §1 UWG bei der Verwirklichung des grundrechtlich verbürgten Schutzes der Persönlichkeit. Im gleichem Maße, in dem die Individualsphäre für die Bestimmung der Wettbewerbswidrigkeit relevant wird, muß auch die Selbstbestimmung desjenigen, dessen Individualsphäre betroffen wird, entsprechende Berücksichtigung finden. Auch der Tatbestand des §1 UWG läßt somit Raum, dem Willen des Umworbenen in Form eines Einwilligungselements Rechnung zu tragen.

3. Das Merkmal der vorhergehenden Bestellung in § 1 HTWiG, § 55,I GewO, § 11 AuslInvG, § 23 KAGG

§1 HTWiG, §55,I GewO, §11 AuslInvG, §23 KAGG enthalten auf den ersten Blick keinen Raum für einen den §§823,I; 1004 BGB, §1 UWG vergleichbaren Einwilligungs-tatbestand. Sucht man einen Anknüpfungspunkt, der die Berücksichtigung des Willens des Kunden ermöglicht, so ist das Merkmal der "vorhergehenden Bestellung" in Betracht zu ziehen, das seit der Schaffung des ehemaligen §56a Nr.2 GewO, der mit dem Verbot des Abschlusses und der Vermittlung von Darlehen im Reisegewerbe erstmals dieses Merkmal enthielt, Bestandteil aller Regelungen in der Gewerbeordnung sowie im HTWiG, im AuslInvG und im KAGG geworden ist. Als Ausdruck des Grundsatzes "volenti non fit iniuria" kann dieses in §1,II Nr.1 HTWiG, §55,I GewO, §11,III Nr.2 AuslInvG, §23,III Nr.2 KAGG enthaltene Merkmal als einem Einwilligungsbestandteil vergleichbar angesehen werden. Eine Schutzwürdigkeit des Kunden scheidet aus und das Widerrufsrecht des §1,I HTWiG, §11,I AuslInvG, §23,I KAGG bzw. der Schutz der Verbotsnorm des §56,I GewO ist ihm demzufolge zu versagen, wenn er selber den Vertreter zu

---

[61] vgl.BGHZ 54, 188ff., BGH NJW 1989, 2820

[62] v.a.BGH JZ 1989, 858=ZIP 1989, 1285, BGH ZIP 1990, 199

sich bestellt hat und damit mit dessen Auftreten in seiner Privatsphäre einverstanden war[63]. Aus der Tatsache, daß sich die "vorhergehende Bestellung" auf die Persönlichkeitssphäre bezieht, folgt auch, daß die Bestellung vom Verhandlungs- und Vertragspartner selbst ausgehen muß, nicht aber von einem am Abschluß interessierten Dritten[64], der von vornherein nicht über fremde Privatsphären disponieren kann. Eine weitere Parallele zur Einwilligung ergibt sich aus der Tatsache, daß diese wie die vorhergehende Bestellung von vorneherein und ohne das Erfordernis einer Anfechtung unwirksam ist, wenn sie unter Täuschung oder Zwang abgegeben wurde, da sich dann das für beide Merkmale konstituierende Moment freier Selbstbestimmung gar nicht realisieren kann.

Das Gewicht, daß der Einwilligung in ihren verschiedenen Formen in den Einzelvorschriften zukommt, macht gleichzeitig die ohnehin zu machende Beobachtung deutlich, daß der Schutz der Persönlichkeit durch die einschlägigen Normen sich vom generell-präventiven Ansatz, wie er noch etwa §56,I GewO a.F. zugrunde lag, zu individuell-reaktiven Regelungen bewegt, wie sie für das Zivilrecht typisch sind[65]. In dieser Entwicklung verbinden sich eine aus grundrechtlicher Hinsicht zu begrüßende[66] Erweiterung der Gewerbefreiheit mit der erheblich verbesserten Möglichkeit der Selbstgestaltung durch den Umworbenen, die dem zvilrechtlichen Grundprinzip der Privatautonomie angemessen entspricht. Damit ist eine gemeinsame Grundsystematik der verschiedenartigen Vorschriften erarbeitet, die deren präzisierende Auslegung anhand des Gedankens des Persönlichkeitsschutzes und der daran anknüpfenden Struktur von Eingriff und Einwilligung ermöglicht, und in die auf dieser Grundlage nunmehr eine Einfügung der Besonderheiten des Verhältnisses zwischen Bank und Kunde erfolgen kann. Dabei dürfen freilich die unterschiedlichen Funktionszusammenhänge jeweils nicht vernachlässigt werden, sie sind bei der Konkretisierung des Prinzips in den Einzelnormen stets im Auge zu behalten.

IV. Die rechtliche Beurteilung des Direktmarketing unter Einbeziehung der Bank-Kunden-Beziehung

Das allgemeine Persönlichkeitsrecht ist prinzipiell auch in Sonderverbindungen zu wahren. Doch können sich aus der Sonderverbindung Modifizierungen ergeben.

---

[63] Löwe BB 1986, 821, 826, Holschbach S.75(zu §11 AuslInvG) Baur §11AuslInvG Anm.IV, krit.zu diesem Tatbestandsmerkmal Teske ZIP 1990, 151f.

[64] BGH WM 1991, 313

[65] Teske/Simon, S.325, 375, 388f., Ulmer WRP 1986, 445, 446

[66] Ulmer WRP 1986, 445, 446

1. Charakter und Besonderheiten des Bank-Kunde-Verhältnisses

Die Notwendigkeit, an dieser Stelle die Eigenarten der Beziehung zwischen Bank und Kunde näher zu charakterisieren, ergibt sich aus der Tatsache, daß die Kreditwirtschaft die Methoden des Direktvertriebes vorzugsweise gegenüber dem bereits bestehenden Kundenstamm zur Anwendung bringt. Hierbei kann die Bank insbesondere an bereits mit dem Kunden getätigte Geschäfte anknüpfen und verfügt in der Regel auch schon über Unterlagen, aus denen die spezifischen Interessen und persönlichen Verhältnisse des Kunden hervorgehen, von denen aus sich sinnvollerweise mögliche Anknüpfungspunkte für neue Geschäfte erschließen lassen. Gegenüber sonstigen fliegenden Händlern und Vertretern, die etwa an Haustür und Telefon Geschäftsabschlüsse zu erzielen suchen, unterscheidet sich die Bank in der Weise, daß dem Kunden das konkrete Angebot aus seinem bisherigen Kontakt zur Bank bekannt ist, er mit demselben Institut etwa auch schon mehrfach gleichgeartete Geschäfte der nunmehr vorgeschlagenen Art getätigt hat oder die Bank im Bereich der Kapitalanlage- oder Finanzierungsberatung tätig wird, die sie sonst in der Geschäftsstelle anbietet.

Das gemeinsame Charakteristikum der geschilderten Situationen ist die Tatsache, daß sich die Beziehungen zwischen Bank und Kunde im Gegensatz zu Geschäften anderer Art nicht auf ein einziges Geschäft beschränken, sondern zumeist von vornherein auf eine Mehrzahl von Geschäftsvorfällen abzielen. Diese geschäftlichen Beziehungen werden als "Geschäftsverbindung" bezeichnet[67]. Diese wiederum ist als rechtsgeschäftlicher Kontakt wesentliche Voraussetzung des zwischen den Parteien entstehenden Vertrauensverhältnisses, das Grundlage gegenseitig obliegender Verhaltenspflichten und bei deren Verletzung daraus resultierender Schadensersatzansprüche ist. Die Frage der dogmatischen Einordnung der Geschäftsverbindung zwischen Bank und Kunden ist lebhaft umstritten[68], über ihre praktischen Auswirkungen dürfte dagegen weitgehende Übereinstimmung bestehen. In dem an dieser Stelle betrachteten Zusammenhang ist es nun wichtig zu betonen, daß es hier nicht um die üblicherweise im Mittelpunkt des Interesses stehende Frage geht, inwieweit sich durch das Vertrauensverhältnis Haftungsansprüche begründen lassen, sondern darum, ob die Geschäftsverbindung von Bedeutung ist im Zusammenhang mit Eingriffen in die Persönlichkeitssphäre. Hier wie dort besteht allerdings die Gefahr, daß die Grundsätze von Privatautonomie und Selbstbestimmung in unzulässiger Weise eingeschränkt werden, indem man den Betroffenen rechtsgeschäftlich relevantes Handeln zumißt, dessen Voraussetzungen

---

[67] Canaris, Bankvertragsrecht Rz 1

[68] vgl.etwa Hopt S.250ff., 391ff.einerseits, Canaris Bankvertragsrecht Rz.1ff.andererseits, jeweils m.w.N.

insbesondere in Bezug auf den Parteiwillen aber fragwürdig sind[69]. Ausgangspunkt für eine rechtliche Bedeutsamkeit der laufenden Geschäftsverbindung ist allerdings an dieser Stelle ebenso wie bei der Untersuchung der Frage nach einem gesetzlichen Schuldverhältnis die Beobachtung, daß sich die Geschäftspartner nach einer Anzahl bereits abgewickelter Geschäftsvorfälle nunmehr mit einer gegenseitigen Erwartungshaltung in Bezug auf das Verhalten des anderen gegenüberstehen[70]. Auf diese Weise entsteht eine Vertrauensbeziehung, die den Schutz der Rechtsordnung durch Auferlegung bestimmter Verhaltenpflichten verdient. Das in besonderer Weise auf dem Grundsatz von Treu und Glauben beruhende Vertrauensverhältnis schließt ein, daß Handlungen, welche, abgesehen von dieser Verbindung der Handelnden, als rechtlich indifferente Tatsachen erscheinen, einen rechtlichen Inhalt gewinnen[71]. Für die hier interessierende Frage, ob seitens des umworbenen Kunden der Bank gegenüber im konkreten Fall eine Einwilligungserklärung vorliegt, ist daher auf die gesamten Umstände des bisherigen Geschäftsverkehrs zurückzugreifen und die Gesamtheit der Vorgänge der Bank-Kunden-Beziehung zugrunde zu legen. Besteht nach der so vorgenommenen Ausschöpfung des Tatsachenmaterials eine (wenn auch konkludente) Einwilligung, so kann sich die Bank als anderer Vertragsteil auf deren Vorliegen für die Zukunft verlassen. Eine bisher entstandene Übung gilt auch für zukünftige Vertragsschlüsse, sie beruht auf der rechtlich schützenswerten Erwartung des Partners auf Beibehaltung des bisher gepflegten geschäftlichen Verhaltens an einem bestimmten Punkt[72]. Dem Partner, der von der Übung abweichen will, obliegt demnach der unmißverständlich klar zu machende, rechtzeitig zu erklärende Widerruf[73]. Ihre dogmatische Grundlage findet die Relevanz dieser gegenseitigen Verhaltensübung im Gedanken des "venire contra factum proprium" und damit letztlich in §242 BGB[74]. Im Unterschied zu den Merkmalen der Verkehrssitte und des Handelsbrauches hat diese von den Geschäftspartnern gezeigte Übung durchaus individuellen Charakter[75], was sie als besonders gut geeignet erscheinen läßt für die Berücksichtigung individueller, persönlichkeitsorientierter Gegebenheiten wie etwa im Rahmen des allgemeinen Persönlichkeitsrechts. An dieser Stelle werden jedoch auch die Grenzen sichtbar, die einer Berücksichtigung der laufende Geschäftsverbindung gesetzt sind: die Intensität ihrer Wirkungen beruht vornehmlich auf der Ausgestaltung im Ein-

---

69 Flume S.4, Canaris, Vertrauenshaftung S.411ff., Müller-Graff JZ 1976, 153, 155

70 Larenz Schuldrecht AT S.122, Münch-Komm-Emmerich vor §275 Rz.188f.

71 RGZ 27, 118, 121, BGHZ 21, 102, 107, Canaris, Bankvertragsrecht Rz.13

72 Müller-Graff JZ 1976, 153, 156

73 Larenz Schuldrecht AT S.122, Müller-Graff JZ 1976, 153, 156

74 Müller-Graff, S.183, Reimer Schmidt S.164f.

75 Müller-Graff, S.185, ders.JZ 1976, 153, 156

zelfall, insbesondere der Dauer der Beziehung, der Anzahl der angefallenen Geschäfte und andere Eigenheiten. Dies schließt es aus, unbesehen allein das Vorliegen einer Geschäftsbeziehung genügen zu lassen, um etwa die Anwendung einer Verbraucherschutzvorschrift auszuschließen. Das Bestehen einer Geschäftsverbindung kann jedoch indizierende Wirkung haben insbesondere für das Vorliegen einer konkludenten Einwilligung, die allerdings der Konkretisierung durch den jeweiligen Einzelfall bedarf.

2. Einzelfälle

Bei der Berücksichtigung des Bank-Kunde-Verhältnisses im Bereich der Direktwerbung hat sich die Anknüpfung an der entwickelten Struktur Eingriff-Einwilligung zu orientieren. Für die Einbeziehung der Besonderheiten der laufenden Geschäftsbeziehung ergeben sich als Ansatzpunkte dabei das Erfordernis der Einwilligung in einer solchen Beziehung überhaupt sowie die Anforderungen an die Ausgestaltung der Einwilligung, soweit sie notwendig ist.

a) Telefon- und Btx-Werbung

Bei der Werbung durch Telefonanrufe und über Btx können bürgerlichrechtliche Unterlassungsansprüche wegen Verletzung des allgemeinen Persönlichkeitsrechts sowie ein Wettbewerbsverstoß nach §1 UWG einschlägig sein. Beide Tatbestände knüpfen, wie zuvor gezeigt, an an eine Beeinträchtigung der Entschließungsfreiheit und des Selbstbestimmungsrechts der Person durch unbefugtes Eindringen in die Privatsphäre.

Bei Bestehen einer laufenden Geschäftsverbindung wie der zwischen Bank und Kunde könnte nun erwogen werden, daß dann eine tatbestandsmäßige Verletzungshandlung gar nicht vorliegt. Anhaltspunkte für eine solche Ansicht fanden sich in der frühen Rechtsprechung des BGH zur Telefonwerbung, an die die Instanzgerichte auch anknüpften[76]. Sie entspräche auch der Differenzierung, die im Wettbewerbsrecht stattfindet zwischen dem Ansprechen des Kunden durch den Verkäufer in einem Laden, wenn also schon ein geschäftlicher Kontakt vorliegt, und dem wettbewerbswidrigen Ansprechen auf der Straße ohne Bestehen jeden vorherigen rechtsgeschäftlichen Kontakts. In seiner neueren Rechtsprechung zur Telefonwerbung tritt der BGH einer solchen Interpretation seiner früheren Urteile jedoch entgegen und betont, daß Telefonanrufe auch bei vorhergehenden Geschäftsbeziehungen wettbewerbswidrig seien. Allein im Bestehen eines geschäftlichen Kontakts könne noch

---

[76] HansOLG WRP 1978, 553, 554, OLG Stuttgart NJW 1987, 1133f., LG Oldenburg GRUR 1988, 551, 552, im gleichen Sinne RGRK-Dunz §823 Anh I, Rz 76

kein Einverständnis gegenüber dem Werbenden gesehen werden[77]. Das Bestehen der Geschäftsverbindung als solcher kann in der Tat die Einwilligung nur dann ersetzen, wenn der Charakter der Verbindung von vornherein eine Belästigung oder Überrumpelung ausschließt. Dies ist grundsätzlich aber nicht der Fall. Der Telefonanruf stellt vielmehr einen fühlbaren Eingriff in die Privatsphäre dar, dem sich der Kunde nicht ohne weiteres entziehen kann und der ihn, je nach der konkreten Situation, in der er angerufen wird, nicht selten dazu verleiten wird, einen Geschäftsabschluß zumindest in Aussicht zu stellen, um das Telefonat beenden zu können. Damit aber wird die Entscheidungsfreiheit des Kunden tatsächlich deutlich einschränkt unabhängig davon, ob der Anrufende ihm bekannt ist oder nicht. Diesem Umstand würde nur unzureichend Rechnung getragen, wenn man allein das Bestehen einer Geschäftsverbindung dafür ausreichen ließe, dem Kunden von vornherein und ohne Berücksichtigung des Einzelfalles jeglichen Schutz vor Telefonwerbung zu versagen. Es ist daher für jede konkrete Situation zu prüfen, ob sich der laufenden Geschäftsbeziehung Anhaltspunkte einer konkludenten Einwilligung des Kunden entnehmen lassen. Eine solche hält der BGH auch für den Bereich des §1 UWG mit Recht für möglich[78]. Ob es hierzu bereits genügt, daß der Kunde Adresse und Telefonnummer mitteilt in der Erkenntnis, diese würden zu Werbezwecken benützt, kann dabei offenbleiben. Eine Verdichtung der Geschäftsbeziehung zwischen Bank und Kunde, die den Rückschluß auf das Bestehen einer konkludent erklärten Einwilligung erlaubt, ist etwa in den Fällen anzunehmen, in denen einzelne Kunden durch einen Anlageberater betreut werden, der sie des öfteren auf etwa erforderliche Umschichtungen in ihrem Wertpapierdepot aufmerksam macht oder zur zinsgünstigeren Anlage von bislang auf Konten gehaltener Guthaben mit nur geringer Rendite rät. In einer solchen Geschäftsverbindung wird der Kunde, der eine aktive Anlagepolitik betreiben möchte, jedoch nicht ständig die vollständigen Angebote des Wertpapiergeschäfts im Auge behalten kann, eine solche informative Unterstützung durch sein Kreditinstitut in aller Regel begrüßen. Jedenfalls dürfte auf eine schlüssige Erklärung des Kunden bei Handlungen zu schließen sein, die ein konkretes Interesse an weiterer Information erkennen lassen, daß der Kunde etwa auf frühere Anrufe positiv reagiert hat oder daß es sogar im Anschluß an einen solchen Anruf zu einem Geschäftsabschluß kam. Darüber hinaus kann die Bank auch bei der Kontoeröffnung oder im Rahmen ihrer Beratungstätigkeit in einer Geschäftsstelle eine ausdrückliche Einwilligungserklärung ihres Kunden einholen, in der der Umfang der telefonischen Beratung zweckmäßigerweise vereinbart und ein entsprechender Kundenauftrag zu den Kontounterlagen genommen wird. Bei einer solchen Erklärung ist freilich §11

---

[77] BGH NJW 1989, 2820

[78] BGH NJW 1989, 2820, BGH ZIP 1990, 199

Nr.15 AGBG zu beachten. Die inzwischen überwiegende Ansicht erblickt in der Tatsache, daß es sich bei der Einwilligung nicht um eine Willenserklärung, sondern um lediglich geschäftsähnliche Erklärung handele, mittlerweile kein Hindernis mehr für eine Inhaltskontrolle nach dem AGBG, da insoweit vom Schutzzweck des AGBG auszugehen sei, nach dem eine wirksame Kontrolle der Inanspruchnahme einseitiger Gestaltungsfreiheit alle Erklärungen einbeziehen müsse, die im Zusammenhang mit einem Vertrag abgegeben und von der anderen Seite vorformuliert werden[79]. Nach allgemeinen Beweislastgrundsätzen wäre jedoch die Bank für das Vorliegen eines Rechtfertigungsgrundes in Form der Einwilligung beweispflichtig. §11 Nr.15 AGBG enthält nun ein generelles Verbot der Änderung der Beweislast unabhängig davon, ob die bestätigte Tatsache der Wirklichkeit entspricht oder nicht, wenn dies nur geeignet ist, die Beweisposition des Kunden zu verschlechtern[80]. Nimmt die Bank die Erklärung über eine solche Tatsache in ihre AGB auf, so verschiebt sie die ihr obliegende Beweislast auf den Kunden, der nunmehr nachweisen müßte, daß er eine solche Erklärung einer vorhergehenden Bestellung nicht abgegeben hat. Hierin liegt ein Verstoß gegen §11 Nr.15 lit.b AGBG, die Klausel ist demzufolge unwirksam. Sofern eine Einwilligung daher nicht, wie zunächst jedenfalls bei der Briefkastenwerbung in konkludenter Form vorliegt, kann sie nur durch Individualverhandlungen eingeholt werden. Im Interesse des Schutzes der Entschließungsfreiheit des Kunden ist allerdings die ausdrückliche wie die schlüssige Einwilligung stets widerruflich.

b) Briefkastenwerbung

Bei der Briefkastenwerbung könne Unterlassungsansprüche wegen Verletzung des allgemeinen Persönlichkeitsrechts nach §§823,1004 BGB analog einschlägig sein. In der Literatur hierzu geäußerte Ansichten, die eine Verletzung des Persönlichkeitsrechts verneinen wollen, sind, wie bereits dargelegt, nicht überzeugend. Wie ebenfalls entwickelt, ist der Einwurf von Werbung in der Regel jedoch durch die in der Aufstellung des Briefkastens zu sehende konkludente Einwilligung gedeckt; sie wird erst unzulässig, wenn der Inhaber durch Anbringung eines entsprechenden Hinweises bzw. durch ein Schreiben an die werbende Bank der weiteren Zusendung widerspricht. Zu untersuchen bleibt, ob die Bank eine Vorzugsstellung genießt gegenüber anderen Werbenden, wenn der Umworbene durch Hinweis an seinem Briefkasten den Einwurf von Werbung generell untersagt hat. Während die Kreditbanken für ihre Werbezwecke die Post in Anspruch nehmen, für die eine Untersagung ohnedies

---

[79] OLG-Koblenz NJW 1989, 2950, 2951, Wolf-Horn-Lindacher §1 AGBG, Rz.10, Staudinger-Schlosser §1 AGBG Rz.5, Erman-Hefermehl §1 AGBG Rz.6, Kohte AcP 185(1985) , 105, 129

[80] Wolf-Horn-Lindacher §11 Nr.15 AGBG Rz.20, Erman-Hefermehl §11 Nr.15 AGBG Rz.23, Soergel-Stein §11 AGBG Rz.169

keine Bedeutung hat, stellt sich diese Frage vor allem für Kreditinstitute, die über eine hohe Filialdichte verfügen und sich deshalb für den Versand von Werbung und Kontoinformationen eines eigenen Botendienstes bedienen können, was insbesondere bei Sparkassen und Kreditgenossenschaften der Fall ist. Ausgangspunkt für eine Untersuchung dieses Problems ist die Überlegung, daß die Einwilligung als Element freier Gestaltung durchaus Modifikationen zugänglich ist und es daher zuläßt, bei der Gestattung von Eingriffen Differenzierungen vorzunehmen[81]. Für eine solchermaßen modifizierte Einwilligung allein gegenüber der Bank können sich nun in der Tat aus der Geschäftsbeziehung Anhaltspunkte ergeben, wenn der Kunde zu erkennen gegeben hat, daß er an dementsprechender Information durch die Bank, etwa über das Wertpapierangebot, interessiert ist, indem er auf ein solches Angebot hin einen Wertpapierkauf getätigt hat. Für die Frage der Einholung einer Einwilligung durch Erklärung in AGB gilt auch hier das zu b) Entwickelte.

c) Hausbesuche

Die für die Beurteilung von Hausbesuchen in erster Linie einschlägigen Vorschriften sind §1 HTWiG, §11 AuslInvG, §23 KAGG sowie §55,I GewO. Auch hier verbietet es die Bedeutung der Sicherung der Entschließungsfreiheit, die ausdrücklicher Schutzzweck der genannten Einzelnormen ist, von vornherein die Tatbestandsmäßigkeit und damit die Einschlägigkeit der Norm dem Grunde nach allein wegen des Vorliegens einer Geschäftsbeziehung zu verneinen[82]. Das Vorliegen der Geschäftsverbindung allein schließt die Möglichkeit einer Überrumpelung und damit einer Beeinträchtigung der Entscheidungsfreiheit noch nicht aus. Aus dem gleichen Grund und in Respektierung der Möglichkeit der Selbstgestaltung durch den Umworbenen ist auch nicht unmittelbar eine die jeweiligen Schutztatbestände ausschließende "vorhergehende Bestellung" anzunehmen[83]. Eine Überrumpelung ist dadurch nicht von vornherein ausgeschlossen, daß der Kunde die ihm gegenüber tretende Bank bereits kennt[84]. Im Gegenteil kann der Kunde erheblichen Pressionen ausgesetzt sein, weil er seine Hausbank nicht verärgern möchte, so daß eine Gefährdung seiner Entscheidungsfreiheit keineswegs ausgeschlossen ist. Eine vorhergehende Bestellung kann jedoch ausdrücklich in der Geschäftsstelle vereinbart werden oder konkludent im Rahmen der bestehenden Geschäftsbeziehung in dem dem Besuch oder Telefonanruf des Beraters zugrundeliegen-

[81] OLG Stuttgart JZ 1983, 71

[82] im Grundsatz ebenso Münch-Komm-Ulmer §1 HTWiG Rz.46a

[83] so jedoch LG Hannover MDR 1988, 583, offenbar unter Vornahme einer teleologischen Reduktion, Palandt-Putzo §1 HTWiG Anm.6a

[84] so aber Knauth WM 1986, 509, 515

den Geschäftsbesorgungsvertrag ausgesprochen werden[85], wofür sich dann freilich konkrete Anhaltspunkte finden lassen müssen[86]. Angesichts der erheblichen Risiken, die sich für Kreditinstitute unter anderem aus den Rückabwicklungsvorschriften des HTWiG ergeben, hat das Vorliegen einer vorhergehenden Bestellung eine große Bedeutung. Die Beweislast für das Vorliegen einer solchen trägt jedoch, wie sich aus der Formulierung des §1,II Nr.1 HTWiG ergibt, die Bank als Anbieter[87]. Es empfiehlt sich daher für das Kreditinstitut, Bestellungen vorzugsweise schriftlich einzuholen, etwa durch Versenden von Rückantwortkarten, die hinreichend konkret formulierte Zweckbestimmungen von Hausbesuchen als Ankreuzalternativen enthalten, in denen der Kunde seinen Wunsch unter Hinweis auf die gewünschte Zeit und unter Angabe des Gegenstandes seines Interesses zum Ausdruck bringen kann. Die Tatsache des Hausbesuches selbst muß dabei klar und unmißverständlich hervorgehoben werden[88]. Eine ausdrückliche Bestellung verlangt der Schutzzweck der Vorschriften zur Sicherung der Entscheidungsfreiheit jedoch nicht, es muß daher auch nicht für jeden Einzelbesuch ein neuerlicher Besuchswunsch ausgesprochen werden. Ein solches Erfordernis läßt sich verneinen unter der Berücksichtigung der durch regelmäßige Leistungen entstandenen Geschäftsbeziehung[89]. Über eine bloße Anpreisung von Waren hinaus macht diese gegenseitige Pflichtenbeziehung den Partnern das Verhalten des Gegenübers in einer Weise vorhersehbar, daß sich die Gefahr einer Überrumpelung regelmäßig verringern läßt. In diesem Rahmen sind konkludente Bestellungen ohne Gefahr für den Schutz des Kunden für ausreichend zu erachten. Hierzu ist in der Rechtsprechung und Literatur betont worden, daß der regelmäßige Bezug einer gewissen Art von Waren und Leistungen zu einer gewissen Zeit eine konkludente Bestellung für die Zukunft enthalten kann[90]. Dies läßt eine angemessene Berücksichtigung einer laufenden Geschäftsbeziehung zwischen Bank und Kunde zu, innerhalb derer in einer Vielzahl von Fällen die Situation entstehen kann, daß insbesondere der Depotkunde, der seine Vermögensanla-

---

85 Schlaus ZHR 151(1987) , 180, 184, Ulmer WRP 1986, 445, 450, Erman-Weitnauer-Klingsporn §1 HTWiG Rz.13, Knauth WM 1987, 517, 527

86 a.A.Knauth WM 1986, 509, 515:bei Geschäftsverbindung grundsätzlich immer und ohne Berücksichtigung des Einzelfalls Bestellung durch schlüssiges Verhalten anzuerkennen

87 BGH BB 1989, 178, 179, OLG Karlsruhe BB 1988, 1072, 1073, Knauth WM 1987, 526, Münch-Komm-Ulmer §1 HTWiG Rz.51, Soergel-Wolf §1 HTWiG Rz.34, Goller GewA 1986, 73, 76, Löwe BB 1986, 821, 827, Teske ZIP 1986, 624, 631, Erman-Weitnauer-Klingsporn §1 HTWiG Rz.23 a.A.Magoulas/Schwartze JA 1986, 225, 233

88 Löwe BB 1986, 821, 827, Goller GewA 1986, 73, 76, Münch-Komm-Ulmer §1 HTWiG Rz.43, Teske ZIP 1986, 624, 633

89 Schlaus ZHR 151 (1987) , 180, 184, Knauth WM 1986, 509, 515, im Ansatz auch Münch-Komm-Ulmer §1 HTWiG Rz.44

90 VG Düsseldorf GewA 1984, 339, Landmann-Rohmer-Vogel §55 Rz.25, Sieg-Leifermann-Tettinger §55 Rz.12

ge regelmäßig mit seiner Bank bespricht, von dieser auch Beratungsbesuche erwartet[91]. Unter derartigen Umständen muß nicht jedem Besuch ein individueller Besuchswunsch vorausgehen, um dem Schutz des Kunden vor Überrumpelung ausreichend Rechnung zu tragen. Die Anforderungen an den Inhalt der Bestellung dürfen nicht überspannt werden, die laufende Geschäftsbeziehung trägt vielmehr aus sich heraus durch die Vielzahl der bereits abgeschlossenen Geschäfte bereits eine Konkretisierung der gegenseitigen Erwartungen in sich, die den Kunden vor der völligen Überraschung durch ein ihm nicht angekündigtes Angebot bewahrt, so daß er eines Schutzes durch von vorneherein fest umgrenzte Bestellungen nicht bedarf. Eine Erörterung ist jedoch noch erforderlich für die Möglichkeit einer sogenannten, einmaligen Generalbestellung, die nicht immer neu für jeden Besuch ausgesprochen werden müßte[92]; der Wortlaut von §§1,II HTWiG,55,I GewO stünde einer solchen nicht entgegen, da er allein das Vorliegen einer Bestellung fordert. Die Gesetzesmaterialien ergeben insofern keine eindeutige Auskunft, sie verweisen lediglich auf das Kriterium einer vorhergehenden Bestellung, daß der Kunde sich auf den Besuch vorbereiten und Vergleichsangebote prüfen konnte[93]. Gerade diese Möglichkeit dürfte der Kunde aber bei einem Besuch seitens seiner Bank haben, da er auf Grund der Geschäftsbeziehung das Angebot kennt und auch ständig Vergleichsangebote prüfen kann. Nach dem Zweck der Norm der §§1,II HTWiG,55,I GewO kommt es demzufolge darauf an, daß zwischen Bestellung und Vertragsverhandlungen noch aus der Sicht des Kunden ein Zusammenhang besteht. Dies verbietet zwar, pauschale Generalbestellungen in AGB aufzunehmen, nicht aber, daß mit dem Kunden in Individualverhandlungen eine bestimmte Anzahl von Besuchen im voraus vereinbart wird, so daß dem Kunden die Tatsache eines bevorstehenden Besuches klar wird. Aus einer derart geübten Praxis kann dann auch eine schlüssige Bestellung weiterer Besuche hervorgehen. Eine Änderung einer solchen Übung bedürfte dann ihrerseits erst des Widerrufs durch den Umworbenen, dies entspricht überdies auch dem Charakter der (widerruflichen) Einwilligung. Der Vereinbarung einer Generalbestellung in AGB dürfte allerdings auch hier §11 Nr.15 lit.b AGBG entgegenstehen. Nach allgemeinen Beweislastregeln hat im Rahmen des §1,II HTWiG nämlich die andere Vertragspartei zu beweisen, daß die Verhandlungen auf vorhergehende Bestellung geführt wurden[94]. Eine vorge-

---

[91] Schlaus ZHR 151(1987), 180, 184

[92] hierfür auch Knauth WM 1987, 517, 527, Gilles NJW 1986, 1135, 1142, a.A.Münch-Komm-Ulmer §1 HTWiG Rz.46a

[93] BR-Begr.BT-Drucks.10/2876, S.12

[94] BGH BB 1989, 178, 179, OLG Karlsruhe BB 1988, 1072, 1073, Knauth WM 1987, 517, 526, Münch-Komm-Ulmer §1 HTWiG Rz.51, Goller GewA 1986, 73, 76, Löwe BB 1986, 821, 827, Teske ZIP 1986, 624, 631, Erman-Weitnauer-Klingsporn §1 HTWiG Rz.23 a.A.Magoulas/Schwartze JA 1986, 225, 233

druckte, vom Kunden lediglich unterschriebene Bestätigung der Bestellung würde die Beweislast über das Vorliegen dieser Tatsache entgegen der ursprünglichen Verteilung dem Kunden auferlegen und wäre daher nach §11 Nr.15 lit.b AGBG unwirksam[95].

Damit verbindet sich die Frage, ob korrespondierend zu einer solchermaßen zustande gekommenen Bestellung auch eine Generalbelehrung gemäß §2,I,2 HTWiG erteilt werden kann. Die Erteilung einer solchen Belehrung über das Bestehen des Widerrufsrechts ist von großer Bedeutung, da nach §2,I,4 HTWiG das Widerrufsrecht des Kunden bei unterbliebener Belehrung erst einen Monat nach beiderseits vollständiger Leistungserbringung erlischt. Da wie gezeigt die mündlichen Verhandlungen und der Vertragsschluß auseinanderfallen können, muß die Bank mit einer nahezu unabsehbaren Widerruflichkeit auch der in den Geschäftsräumen geschlossenen Geschäfte rechnen und dem Kunden daher bei jedem Geschäftsvorfall eine Widerrufsbelehrung aushändigen. In der Literatur ist zur Vermeidung dieses Ergebnisses vorgeschlagenen worden, die Erteilung einer Generalbelehrung zuzulassen, bei der die Bank, wenn sie mündliche Verhandlungen im Sinne des §1,I HTWiG durchführt, eine Belehrung gemäß §2,I HTWiG aushändigt, daß er im Rahmen der Geschäftsbeziehung zur Bank alle Erklärungen, zu denen er durch mündliche Verhandlungen bestimmt worden ist, binnen einer Woche widerrufen kann[96]. Dies widerspreche weder dem Wortlaut des §2 HTWiG, der lediglich die Aushändigung der schriftlichen Belehrung sicherstellen wolle, noch dem Gesetzeszweck, da dem Zweck der Verbraucherinformation durch fortwährende Belehrungen während der Geschäftsbeziehung keineswegs besser gedient sei. Bei Vorliegen einer individuell, ob ausdrücklich oder konkludent zustande gekommenen Bestellung innerhalb einer Bank-Kunden-Beziehung ist jedoch mangels Tatbestandsmäßigkeit der §§1ff. HTWiG eine Generalbelehrung nach §2 HTWiG über das Widerrufsrecht nicht erforderlich. Sie könnte demzufolge allenfalls dann bedeutsam sein, wenn der Kunde, auf Hausbesuche angesprochen, die Abgabe einer auf solche Besuche gerichteten Bestellung verweigert. In diesem Fall muß die Bank aber, wenn sie trotz der Verweigerung des Kunden einen Haustürbesuch durchführt, bei jedem darauf beruhenden Geschäft die nach §2 HTWiG erforderliche Belehrung vornehmen; dieses Ergebnis ist auch interessengerecht, da sich die Bank hier bewußt über den entgegenstehenden Willen des Kunden hinweggesetzt und in seine Privatsphäre eingegriffen hat.

---

[95] Löwe BB 1986, 821, 827, Münch-Komm-Ulmer §1 HTWiG Rz.51, Erman-Weitnauer-Klingsporn §1 HTWiG Rz.23, Teske ZIP 1986, 624, 631

[96] Knauth WM 1987, 517, 528 a.A.Münch-Komm-Ulmer §2 HTWiG Rz.4, 6

Teil 4

Schadensersatzansprüche des Kunden bei nachteiligen Geschäftsabschlüssen infolge unzulässiger Werbemaßnahmen

Es war bereits festzustellen, daß die verschärfte Konkurrenz im Bankgewerbe durchaus dazu führen kann, daß die Bank einen Kunden im Rahmen der Ausdehnung ihres Geschäftes dazu bewegt, Geschäfte abzuschließen, die so von diesem Kunden eigentlich nicht gewollt sind und die er angesichts seiner Vermögensverhältnisse auch nicht zu verkraften vermag. Die Zulässigkeit oder Unzulässigkeit einer Werbemaßnahme kann dann über die bloße Vertragsabschlußsituation hinaus eine eigenständige Bedeutung gewinnen für die Frage, ob es sich die Bank rechtlich zurechnen lassen muß, wenn ein Kunden infolge eines so zustande gekommenen Geschäftsabschlusses Vermögensschäden erleidet oder nicht in der Lage ist, auf diese Weise vermittelte Darlehen zurückzuzahlen.

I. Einschlägige Fallgruppen nachteiliger Geschäftsabschlüsse

Die Fragestellung betrifft im wesentlichen zwei Fallgruppen, die in Rechtsprechung und Literatur bislang prinzipiell getrennt diskutiert werden. Anhand des vorliegenden Zusammenhangs läßt sich jedoch zeigen, daß sie im Grunde auf einer ähnlichen Problematik beruhen und daher auch einheitlich gehandhabt werden können.

1. Fehlgeschlagene Vermögensanlage

Die erste Fallgruppe stammt aus dem Anlagegeschäft der Kreditinstitute. Die Kunden legen dabei teilweise erhebliche Summen in Wertpapieren, Fonds und Beteiligungen verschiedenster Art an und werden bei ihrer Anlageentscheidung durch die Bank beraten. Erleidet der Anleger dann Verluste, wird er sich mit einem Schadensersatzanspruch gegen die Bank wenden mit der Begründung, diese habe ihn bei der Anlageentscheidung trotz ihrer fachlichen Kompetenz nicht zutreffend informiert, über das zu erwartende Risiko nicht aufgeklärt und ihn dadurch zu der für ihn schadensträchtigen Anlage veranlaßt. §676 BGB legt hierzu einerseits fest, daß durch die Erteilung eines Rates oder einer Empfehlung eine besondere Haftung nicht begründet wird, andererseits schließt die Vorschrift andere Anspruchsgrundlagen nicht aus. Es stellt sich daher die Frage, worauf der Kunde einen etwaigen Schadensersatzanspruch stützen kann.

a) Die Rechtsprechung des BGH

Die Rechtsprechung löst solche Fälle dadurch, daß sie eine Haftung aus "unrichtiger Auskunft" annimmt[1]. Dabei ist die Begründung des BGH nicht immer eindeutig; die Urteile sprechen teilweise von "vertraglicher" Haftung aus einem "Auskunftsvertrag", bisweilen findet die einschränkende Formulierung einer "Haftung nach Vertragsgrundsätzen" Anwendung. Ein gewichtiges Indiz einer solchen vertraglichen Haftung oder "Haftung nach Vertragsgrundsätzen" ist nach Auffassung des BGH, daß der auskunftserteilenden Bank bewußt gewesen ist, daß die Auskunft für den Empfänger von erheblicher Bedeutung sei und als Grundlage entscheidender Vermögensverfügungen dienen werde[2]. Im Anschluß daran prüft der BGH, ob die erteilte Auskunft unzutreffend war und die Bank damit ihre vertragliche Auskunftspflicht schuldhaft verletzt hat.

b) Kritik der Rechtsprechung

Bereits an dieser Stelle muß angemerkt werden, daß die Vorgehensweise des Bundesgerichtshofes, was die dogmatische Herleitung der Auskunftspflichtverletzung angeht, nicht voll überzeugt.

Zunächst ist es - wie in der Literatur zu Recht geltend gemacht wird[3] - eine reine Fiktion anzunehmen, die Bank schließe mit dem Anleger einen Vertrag ab, der eine Verpflichtung zur Erteilung einer richtigen Auskunft zum Inhalt habe. An einem solchen Vertrag hat die Bank keinerlei Interesse und es wäre ein Verstoß gegen den Grundsatz der Privatautonomie, gegen den Willen des Kreditinstitutes einen solchen Vertragsschluß anzunehmen. Andererseits kommt man im Ergebnis zu einer ebenso wirksamen Haftung, wenn man die Auskunftspflicht aus dem Haftungsgrund des gesetzlichen Schuldverhältnisses der culpa in contrahendo herleitet und so die Fiktion eines vorauszusetzenden

---

[1] BGHZ 100, 117, 118f., BGH NJW 1991, 32, BGH NJW 1979, 1595, 1597, BGH WM 76, 498, 499

[2] BGH NJW 1990, 513, BGH NJW 1979, 1595, 1596

[3] Staudinger-Wittmann, §676 Rz.7, Canaris BankvertragsR, Rz.78, 88 Anh.zu §357 Rz.44, Erman-Hauß §676 Rz.4f., Larenz SchuldR II/1, S.425

Vertragsschlusses vermeidet[4]. Die Frage des Inhalts und der Intensität der so begründeten Aufklärungs- und Beratungspflicht ist damit freilich noch nicht vollständig geklärt und bedarf noch weiterer, konkretisierender Erörterung.

Ob hierzu aber, und damit sei zum zweiten Kritikpunkt übergegangen, die von der Rechtsprechung entwickelten Kriterien, die Auskunft müsse für den Empfänger von erheblicher Bedeutung sein und als Grundlage entscheidender Vermögensverfügungen dienen, tatsächlich Weiterführendes beizutragen vermögen, muß bezweifelt werden. Auf der einen Seite wird die Auskunft für den Kunden so gut wie immer von erheblicher Bedeutung sein; denn auf irgendeine Weise betrifft die Geldanlage stets einen bedeutsamen Teil des Vermögens des Kunden, je nach seinen individuellen Verhältnissen. Und wenn der Kunde auf der anderen Seite keine entscheidenden Vermögensverfügungen vornehmen wollte, würde er sich gar nicht von der Bank beraten lassen müssen. Daß es sich bei den beiden Kriterien des BGH um eine Leerformel handelt, wird deutlich, wenn man sich den entgegengesetzten Fall vorzustellen versucht: Ein Bankkunde, der sich von seiner Bank beraten läßt, obwohl er der Beratung keine Bedeutung zumißt und auch keine wichtigen Vermögensdispositionen beabsichtigt, vergeudet im Grunde seine eigene Zeit und die der Bank und dürfte jedenfalls nicht im Mittelpunkt geschäftlichen und rechtlichen Interesses stehen. Es verwundert von daher auch nicht, wie an dieser Stelle abschließend zu vermerken ist, daß die von der Rechtsprechung angewandten Kriterien wegen ihrer inhaltlichen Unbestimmtheit auch kaum präzise zu handhaben sind und sich letztlich einer gesicherten Auslegung entziehen; sie tragen deshalb auch unter den Gesichtspunkten der Rechtssicherheit und -klarheit nur wenig zur Lösung der vorgetragenen Problematik bei.

2. Die Problematik übermäßiger Verschuldung

Die zweite Fallgruppe rührt aus einer gänzlich anderen Geschäftssparte der Kreditwirtschaft her, nämlich dem Kreditgeschäft. Anlaß sind in der Regel Finanzierungen für Grundstücks- und Hauskäufe, bei denen die betroffenen Kunden in erheblichem Umfang Fremdmittel aufnehmen. Für diese vorwiegend mittel- bis langfristigen Darlehen übernehmen dann gleichzeitig nahe Angehörige, also Ehefrau und Kinder, die Mithaftung in Form von Schuldbeitritten oder Bürgschaften. Werden die Darlehensnehmer insolvent, bleiben erhebliche Restschulden auch dann bestehen, wenn die finanzierten Immobilien im Wege der Zwangsvollstreckung verwertet werden. Darlehensschuldner,

---

[4] Staudinger-Wittmann §676 Rz.7, Canaris BankvertragsR Rz.78, 89, Lorenz Larenz-Festschr., S.575ff.

aber auch bürgende oder mithaftende Ehefrauen und Kinder sind in der Folge mit Verbindlichkeiten belastet, die sie auf lange Zeit nicht abtragen können.

Bei der Antwort auf die Frage, ob die Betroffenen der klagenden Bank in solchen Fällen nicht erfolgreich eine Einwendung geltend machen können, ist die höchstrichterliche Rechtsprechung gespalten.

Während der für Bürgschaften zuständige IX.Senat des BGH der Klage der Bank grundsätzlich stattgab, hat der im Sommer 1988 neu eingerichtete und mittlerweile für nahezu sämtliche Materien des privaten Bankrechts zuständige XI. Senat des BGH in seiner Rechtsprechung der jüngsten Zeit in Anwendung des §138,I BGB den Schuldnern in besonders gelagerten Fällen Hilfe zukommen lassen.

Der IX.Senat hat in seinen jüngsten Urteilen[5] entgegenstehende Judikate der Instanzgerichte aufgehoben und sich in seinen Begründungen vor allem darauf berufen, eine volljährige Person sei in der Lage, die Gefährlichkeit der Abgabe einer Bürgschaftserklärung zu erkennen. Ein Äquivalenzverhätlnis, wie es synallagmatischen Verträgen zugrunde liege, bestehe bei der Bürgschaft nicht. Deshalb könne auch eine "Sozialwidrigkeit" als Maßstab für eine verbraucherschützende Sittenwidrigkeit bei Bürgschaftsverträgen nicht anerkannt werden, da eine Ausgewogenheit von Leistung und Gegenleistung hier nicht vorgesehen sei. Ein Anhaltspunkt für die Sittenwidrigkeit des fraglichen Geschäfts ergebe sich auch nicht aus der Verletzung einer Aufklärungspflicht, denn es sei grundsätzlich nicht Sache des Gläubigers, den Bürgen auf das jeder Bürgschaft geradezu immanente Risiko hinzuweisen.

Der zentrale Gedanke, auf den sich die Urteile des IX.Senats stützen, ist der der Privatautonomie, als deren Ausfluß die Schuldner zu denen von ihnen eingegangenen Verpflichtungen zu stehen haben, vorausgesetzt nur, sie sind volljährig.

Der XI.Senat des Bundesgerichtshofes hat eine Schuldverpflichtung zur Mithaftung der Ehefrau ebenfalls unter dem Gesichtspunkt der Nichtigkeit wegen Verstoßes gegen die guten Sitten, §138,I BGB geprüft, ist jedoch hinsichtlich der von ihm beurteilten Fallgestaltung zu einem umgekehrten Ergebnis gekommen[6]. Beschränkungen der Privatautonomie seien unentbehrlich, wenn einer der Vertragsteile ein so starkes Übergewicht habe, daß er vertragliche Regelungen faktisch einseitig setzen könne. In solchen Fällen

---

[5] BGHZ 106, 269, 271BGHZ 107, 92, 103, BGH NJW 1991, 2015, ebenso OLG Hamm NJW 1991, 2647, grds.zustimmend Medicus ZIP 1989, 817, 820f., Reinicke/Tiedtke ZIP 1989, 613ff.gegen diese Rspr.krit.Köndgen NJW 1991, 2018, Derleder Bärmann-Festschr. S.121, 136ff.

[6] BGH NJW 1991, 923 m.zust.Anm.Grün, ebenso wohl OLG Stuttgart NJW 1988, 833, 836, Reinicke/Tiedtke ZIP 1989, 613ff., krit. Knütel ZIP 1991, 493, 496ff. m.w.N. zum Meinungsstand

gestörter Vertragsparität sei der Richter zur Anwendung des §138,I BGB und anderer Generalklauseln, die als Übermaßverbote wirken, verpflichtet, schließt der Senat unter Berufung auf die Rechtsprechung des Bundesverfassungsgerichtes[7].

In jedem Falle unbefriedigend ist der gegenwärtige Zustand einer widersprüchlichen Rechtsprechung innerhalb der Senate des Bundesgerichtshofes. Beide betroffenen Spruchkörper haben sich in den bisherigen Entscheidungen nicht zu einer Vorlage an den Großen Senat veranlaßt gesehen[8]. Die dadurch geschaffene Rechtsunsicherheit ist offensichtlich, erfüllen doch Mitunterzeichnung und Bürgschaft in der Kreditvergabepraxis eine zumindest annähernd gleiche Funktion bei der Besicherung, so daß es von der bloßen rechtlichen Ausgestaltung der Haftung des Dritten abzuhängen scheint, welcher Senat schlußendlich zuständig ist und wie intensiv demnach der Schutz des Betroffenen ausfallen kann.

3. Die Problematik der bisherigen Handhabung beider Fallgruppen

Obwohl beide Fallgruppen bisher anhand unterschiedlicher Rechtsgrundlagen diskutiert wurden, ist ihnen dennoch gemeinsam, daß der Kunde sich in beiden Gestaltungen in seinen Rechten verletzt fühlt, weil ihn die Bank nach seiner Auffassung nur unzureichend mit den jeweils einschlägigen Risisken vertraut gemacht hat. Unabhängig von unterschiedlichen rechtlichen Anknüpfungspunkten nehmen die Argumentationen hier wie da die Verletzung einer Pflicht zur Aufklärung und Beratung in Anspruch. Während die Entscheidungen zur ersten Fallgruppe der fehlgeschlagenen Vermögensanlage ausdrücklich die Aufklärungspflicht thematisieren, gehen die Urteile der zweiten Fallgruppe zur Verschuldungsproblematik im Rahmen der Prüfung des §138,I BGB darauf ein, ob die Bank sittenwidrig handelt, wenn sie den Bürgen nicht über das besondere Risiko des Engagements aufklärt. Diese Gemeinsamkeit soll es im folgenden rechtfertigen, die beiden Fallgruppen nunmehr einer einheitlichen Betrachtung zu unterwerfen.

Die Gefahr, daß die Rechtsanwendung sich in den vorliegenden Fällen einzig und allein vom Ergebnis her beeinflussen läßt, ist besonders groß, stehen sich doch die potente Bank auf der einen Seite und ein ruinierter Kunde auf der anderen Seite gegenüber. Daß auch das Kreditinstitut lediglich über Einlagen anderer Kunden disponieren kann, und die solventen Kunden über Zinsen und Gebühren letztlich die Ausfälle, die durch notleidende Engage-

---

[7] BVerfGE 81, 242, 256; in seiner jüngsten Entscheidung betont der XI.Senat aber nunmehr die Beschränkung seiner Ansicht auf Ausnahmesituationen, BGH ZIP 1993, 26, 28

[8] vgl.Köndgen NJW 1991, 2018, Knütel ZIP 1991, 493, 494ff.

ments verursacht werden, zu tragen haben, wird in der Diskussion nur selten beachtet. Die Vorstellung der übermächtigen Bank, die dem sich in einer Zwangssituation befindendenen Kunden in der Zwangsvollstreckung gegenübersteht, ist daher nicht nur gefühlsbetont; sie gibt auch die tatsächliche Interessenlage nur äußerst unzureichend wider.

Wie sehr es gerade die Ergebnisse sind, die als störend empfunden werden und daher die Rechtsanwendung beeinflussen, wird deutlich, wenn man einige der gängigen Formulierungen näher untersucht. Zur Verschuldungsproblematik wird der IX.Senat mit dem Bemerken kritisiert, dadurch lasse man zu, daß sich der Bürge ruinieren könne[9], eine solche Rechtsprechung sei "herzlos"[10]. Der IX.Senat hat demgegenüber -insoweit durchaus konsequent- betont, daß es bei der Anwendung des §138,I BGB für die Feststellung eines Sittenverstoßes allein auf die Umstände bei Vornahme des jeweiligen Rechtsgeschäfts ankomme[11], und damit kann das störende Endergebnis im Einklang mit der bisherigen Rechtsprechung zu §138,I BGB gerade nicht der zutreffende Anknüpfungspunkt sein.

Der XI.Senat weicht ebenfalls nur im Ergebnis von der Beurteilung durch den IX.Senat ab; bei der Feststellung der Sittenwidrigkeit bewegt er sich dagegen in dem von der überkommenen Rechtsprechung des BGH gezogenen Rahmen, daß der zur Beurteilung maßgebliche Zeitpunkt derjenige der Vornahme des Rechtsgeschäfts ist[12]. Die "besonderen Umstände", die die Anwendung von §138,I BGB gerechtfertigt erscheinen ließen, nämlich die Tatsache, daß der mitunterzeichnenden Ehefrau selbst aus dem Kredit keine unmittelbaren Vorteile erwuchsen, sodann, daß die Darlehensgeberin von vornherein kein schutzwürdiges Interesse an der Mithaftung der Ehefrau hatte, stellen durchaus auf die Umstände bei Vornahme des zu beurteilenden Rechtsgeschäfts ab. Man kann sich allerdings die kritische Frage stellen, ob es nicht der Regel entspricht, daß Mitunterzeichner und Bürgen gerade keinen unmittelbaren eigenen Vorteil aus dem gewährten Kredit ziehen, so daß die vom BGH behauptete Sondersituation gar nicht vorliegt. Daß der Bank von vornherein kein schutzwürdiges Interesse an einer Mithaftung zuzubilligen sei, stellt eine Wertung dar, von der nicht zu sehen ist, warum sie zwingend sein sollte. Vom Grundsatz her handelt es sich bei der angemessenen Besicherung eines Kredits um eine legitime Maßnahme im Bankgeschäft, die darüber hinaus bankaufsichtsrechtlich geboten ist, so daß die Verneinung schutzwür-

[9] Honsell JZ 1989, 495, 496

[10] LG Münster NJW 1990, 1668, 1671

[11] BGHZ 72, 308, 314; BGHZ 107, 92, 96f.

[12] st.Rspr.BGHZ 20, 71, 75, BGHZ 72, 308, 314, BGH NJW 1983, 26, krit.Münch-Komm-Mayer=Maly §138 Rz.114 Flume §18, 6, Larenz AT S.448, Medicus BürgR Rz.34

diger Interessen keineswegs so rasch vorgenommen werden kann wie in der Rechtsprechung des XI.Senates.

Bei den Judikaten zur fehlerhaften Auskunft bei der Geldanlage schließlich zeigt auch die BGH-Rechtsprechung deutlichen Anklänge an eine stark vom Ergebnis her motivierte Betrachtungsweise. Wenn der BGH als Kriterium formuliert, die Auskunft müsse für den Empfänger von erheblicher Bedeutung sein und als Grundlage entscheidender Vermögensverfügungen dienen[13], dann wird dadurch offen zum Ausdruck gebracht, daß es gerade der hohe, durch den Kunden erlittene Schaden ist, der im Mittelpunkt der richterlichen Erwägungen steht. Werden keine "entscheidenden Vernögensdispositionen" getroffen, so darf man folgern, daß der dem Kunden entstandene Schaden nicht allzu gravierend sein kann.

Das beschriebene Phänomen, bei der Beurteilung der vorliegenden Fallkonstellationen der Versuchung einer vom Ergenis her gelenkten Betrachtungsweise zu erliegen, ist bedenklich. Daß die Ergebnisse als besonders störend empfunden werden und der Bankkkunde eines verbesserten Schutzes bedarf, dürfte dabei unbestreitbar sein. Auf der anderen Seite wurde auch bereits deutlich gemacht, daß die gängige Einschätzung, die Bank sei dem Kunden in einer derartigen Weise wirtschaftlich überlegen, daß ihr keine schutzwürdigen Interessen zuzubilligen seien, sachlich unzutreffend ist. Es bedarf deshalb vielmehr eines Instruments, mittels dessen im jeweiligen Einzelfall geüprüft werden kann, in welchem Umfang dem Verbraucher der Bank gegenüber Schutz zusteht.

Eine unter dem Eindruck der krassen Ergebnisse der untersuchten Fallgestaltungen vorgehende Betrachtungsweise mag zwar zur Einzelfallgerechtigkeit beitragen, setzt sich jedoch der Gefahr aus, bloße Billigkeitsentscheidungen vorzunehmen. Daß dies der Vorhersehbarkeit und Klarheit der Rechtsanwendung nicht dienlich sein kann, liegt auf der Hand. Ein Beispiel hierfür liefert die Entscheidung des XI.Senats des BGH zur Mithaftung der Ehefrau für ein Darlehen. Ohne auf die Problematik grundsätzlich einzugehen, führt die Entscheidung aus, "insbesondere" eine im folgenden erläuterte Reihe von Umständen rechtfertige es, die Mithaftungsvereinbarung nach §138,I BGB als nichtig anzusehen. Der BGH führt dann an die Tatsache, daß der Ehefrau keine unmittelbaren Vorteile aus der Kreditgewährung zugeflossen seien, daß ein schutzwürdiges Interesse an der Mithaftung einer von vornherein vermögenslosen Person nicht bestehe und der Kreditnehmer auf die Ehefrau seinen persönlichen, auf der ehelichen Bindung beruhenden Einfluß geltend gemacht habe. Eine "Gesamtwürdigung" hieraus ergebe, daß die streitgegenständliche Vereinbarung als sittenwidrig anzusehen sei. Angesichts des Umstandes, daß

---

[13] BGH NJW 1979, 1595, 1596

die "Gesamtwürdigung" selbst nicht nachvollziehbar erläutert wird und nur die "insbesondere" erwähnten Kriterien ausrücklich genannt werden, während offenbar weitere Motive nicht zum Inhalt der mitgeteilten Entscheidung geworden sind, kann man sich nur schwer des Eindrucks erwehren, hier seien einigermaßen wahllos Einzelmomente herangezogen worden, um das gewünschte, als billig empfundene Ergebnis zu erreichen.

Neben der Gefahr einer bloßen Billigkeitsentscheidung ist jedoch auch darauf aufmerksam zu machen, daß die bei der Schuldenproblematik herangezogene Vorschrift des §138,I BGB zur Verwirklichung eines effektiven Verbraucherschutzes kaum geeignet ist[14]. Zugegebenermaßen vermag eine Generalklausel in besonderer Weise die verfassungsrechtlich gebotenen Wertungen in sich aufzunehmen[15]. Auf der anderen Seite ist aber gerade §138 BGB mit seiner gravierenden Rechtsfolge der Nichtigkeit eine Norm, die nur mit Vorsicht angewendet werden sollte. Es ist zwar zuzugeben, daß die Auslegung der Vorschrift seit ihrer Entstehung einem steten Wandel ausgesetzt war; dabei ist das Verständnis des liberalen Gesetzgebers des BGB von einem wesensfremden Eingriff in die Privatautonomie der Vorstellung einer umfassenderen Korrekturmöglichkeit gewichen[16]. Auf der anderen Seite darf nicht verkannt werden, daß eine allzu großzügige Handhabung letztendlich dazu beiträgt, den Grundsatz der Vertragsfreiheit auszuhöhlen. Es fragt sich demnach bereits, ob ein effizienter und systemgerechter Schutz des Bankkunden über §138,I BGB tatsächlich erreicht werden kann. In diesem Zusammenhang ist auf das grundsätzliche Anliegen des Verbraucherschutzes zurückzukommen. Dessen Sinn kann es nicht sein, die Möglichkeiten des Verbrauchers im Rahmen des Gebrauchs der Vertragsautonomie einzuschränken; vielmehr ist unter Beseitigung von Ungelichgewichten beim Abschluß von Verträgen der Verbraucher wieder in die Lage zu versetzen, von der Privatautonomie eigenverantwortlich Gebrauch zu machen. Dazu ist es wenig hilfreich, die vom anderen Vertragspartner ausgeübte Bevormundung durch einen gesetzlichen Verbraucherschutz zu ersetzen, der den Kunden seinerseits erneut am Band der Judikative oder der Gesetzgebung zu gängeln versucht. Die Norm des §138 BGB, die lediglich für extreme Fälle des Mißbrauchs der Privatautonomie konzipiert ist[17] und demzufolge die einschneidende Rechtsfolge der Nichtigkeit vorsieht, läßt den Vertragsparteien praktisch keinen Spielraum und erweist sich so als schwerwiegender Eingriff in das Gefüge der Vetragsbeziehungen. Daß die Rechtsprechung diese gravierenden Folgen der Anwendung

---

[14] Medicus ZIP 1989, 817, 822

[15] vgl.BVerfGE 81, 242, 256

[16] zum Funktionswandel des §138 BGB etwa Eckert WM 1987, 545f.

[17] Palandt-Heinrichs §138 Rz.1, Staudinger-Dilcher §138 Rz.5 Larenz AT S.439, Zimmermann S.83

des §138 BGB zum Schutz unterlegener Vetragsparteien gelegentlich durch die Anwendung des §139 BGB und die teilweise Aufrechterhaltung des Rechtsgeschäfts auf Grund eines fiktiven Parteiwillens zu mildern versucht[18], vermindert die Bedenken nicht sondern ist im Gegenteil dazu geeignet, die Verfehltheit einer allzu großzügigen Anwendung des §138 BGB deutlich zu machen[19].

In Anbetracht der Schwierigkeiten, die §138,I BGB bei der Lösung der Fälle der Schuldenproblematik aufzuwerfen droht, und die sich auch daran zeigen dürften, daß mittlerweile Divergenzen innerhalb des Bundesgerichtshofes über die Anwendung der Vorschrift herrschen, verdienen Vorschläge Interesse, die andere Möglichkeiten zur Handhabung der betrachteten Problematik aufzeigen.

II. Alternative Lösungsansätze für den Bereich Verschuldungsproblematik

In Literatur und Rechtsprechung werden verschiedene Wege diskutiert, die dem insolvent gewordenen Kreditkunden und Mithaftenden Schutz vermitteln könnten.

1. Entsprechende Anwendung des § 310 BGB

In einem viel beachteten Urteil hat das OLG Stuttgart ein Darlehensgeschäft nach §310 BGB analog für nichtig erklärt, weil es einer verbotenen Übertragung zukünftigen Vermögens gleichkomme, wenn der Schuldner zur Tilgung der zu erwartenden Verzugszinsen lebenslänglich den pfändungsfreien Teil seines Arbeitsabführen müsse, der dann sein einziger Vermögensbestandteil sei[20]. Das Gericht beruft sich ferner auf den Grundsatz des "Strebens nach Glück" der Präambel der amerikanischen Unabhängigkeitserklärung, demzufolge ein "Rest von Hoffnung" dem Schuldner in seinem Leben bleiben müsse[21].

Der IX.Senat des BGH hat diesen Lösungweg des OLG Stuttgart abgelehnt[22]. Es sei zwar der Sinn der Norm des §310 BGB, zu verhindern, daß

---

[18] BGH WM 1973, 357, 358, BGH NJW 1979, 1606

[19] krit.Roth JZ 1989, 411, 416

[20] OLG Stuttgart NJW 1988, 833, 834f.

[21] OLG Stuttgart NJW 1988, 833, 835

[22] BGHZ 107, 92, 100, BGH NJW 1991, 2015, 2018, zust. Palandt-Heinrichs §310 Rz.4, Eckert WM 1990, 85, 86, Medicus ZIP 1989, 817, 818,

"jemand sich gewissermaßen seiner Erwerbsfähigkeit begibt und damit zugleich allen Antrieb zum Erwerb verliert"[23], doch stehe der vom OLG Stuttgart vorgenommenen Auslegung der klare Wortlaut der Vorschrift entgegen. Dieser beziehe sich nämlich nicht auf Darlehensverträge, durch die lediglich eine Geldschuld begründet, in keiner Weise aber zukünftiges Vermögen übertragen werde.

In der Tat überschreitet das Urteil der OLG Stuttgart die Grenzen der Auslegung. Die Entscheidung versucht letztendlich, die Mängel des geltenden Zwangsvollstreckungs- und Insolvenzrechts, das natürlichen prinzipiell keine Möglichkeit der Entschuldung gewährt, mit dem Hebel des allgemeinen Zivilrechts zu beseitigen. Daß de lege ferenda hier Abhlife erforderlich ist, kann nicht bestritten werden; de lege lata erweist sich die vom Wortlaut her eng gefaßte Vorschrift des §310 BGB ebensowenig wie das "pursuit of happiness" als gangbarer Weg, einen effektiven Verbraucherschutz für das Darlehensgeschäft der Kreditinstitute zu gewährleisten.

2. Lösung nach den Grundsätzen des Wegfalls der Geschäftsgrundlage

Eine andere Lösungsmöglichkeit ist darin zu sehen, die Anpassung von Geldschulden mit dem Instrument des Wegfalls der Geschäftsgrundlage vorzunehmen[24]. Entfalle das Arbeitseinkommen des Schuldners durch unvorhergesehene Umstände oder ergäben sich sonstige Störungen in seinem Leistungsvermögen, so müsse geprüft werden, ob nicht die Erwartung über das zukünftige Einkommen des Kreditnehmers und damit über das "Gelingen der künftigen Geldbeschaffung" als Geschäftsgrundlage anzusehen sei. Dies könne dann bejaht werden, wenn der Bank diese Erwartungen nicht nur mitgeteilt worden seien, sondern wenn aus den von der Kreditgeberin erfragten und mitgeteilten Einkommenserwartungen Folgen für die Ausgestaltung des Darlehens, etwa bei der Höhe der Kreditraten, Folgen hergeleitet wurden und die Bank eine Fehlerwartung beim Darlehensnehmer selbst veranlaßt habe. Sei dem Kreditkunden das Festhalten an dem Vertrag auch unter Berücksichtigung seines sonstigen Vermögens nicht zuzumuten, müßten die Darlehensbedingungen nach den Grundsätzen der Störung der Geschäftsgrundlage angepaßt werden.

Auf diesem Weg dürften sich in der Tat die Fälle lösen lassen, in denen der Darlehensschuldner später wegen unvorhergesehener Leistungsunfähigkeit insolvent wird. Für eine andere Gruppe von Kreditengagements führt der Vorschlag dagegen nicht weiter, und gerade dort kann es sich um besonders

[23] Mot.II, 186

[24] Medicus, AcP 188 (1988) , 489, 503ff.

schwerwiegende Fälle handeln. Gemeint sind solche Finanzierungen, die von vornherein hinsichtlich der Leistungsfähigkeit der Darlehensnehmer auf äußerst knapper Grundlage kalkuliert werden, so daß schon bei Darlehensabschluß die Gefahr als besonders groß eingeschätzt werden muß, daß der Kredit nicht ordnungsgemäß zurückgezahlt werden wird. Solche auf den ersten Blick ökonomisch unsinnigen Kreditgewährungen sind in der Praxis deshalb nicht selten, weil die kundenbetreuenden Stellen der Banken an einer starken Ausweitung des Kreditgeschäfts gerade im langfristigen Bereich interessiert sind und wegen der vergleichsweise guten Margen angesichts des verschärften Wettbewerbs alle Möglichkeiten nutzen, um ein neues Darlehensgeschäft abschließen zu können. Besteht keine ausreichende Kontrolle dergestalt, daß überprüft wird, wie hoch der Anteil der angebahnten Kreditgewährung einer kundenbetreuenden Stelle ist, der später im Rahmen der Zwangsvollstreckung bearbeitet werden muß, so liegt die Gefahr auf der Hand, daß besonders bei größeren Darlehensvolumen eher risikobereit als vorsichtig bei der Darlehensgewährung vorgegangen wird. Da sich für diese Fallgestaltung an den äußeren Umständen nichts wesentliches ändern muß, um den Kredit notleidend werden zu lassen, wird auch ein Wegfall der Geschäftsgrundlage in der Regel nicht gegeben sein.

Unabhängig davon, daß Mitunterzeichner und Bürgen für die Hauptschuld nur in ihrem jeweiligen Bestand haften und diesen eine Anpassung der Darlehensverbindlichkeit nach den Grundsätzen der Störung der Geschäftsgrundlage zugute kommt, können sie sich selbst auf dieses Rechtsinstutut nicht berufen. Wie der IX.Senat des BGH insoweit zu Recht betont, übernimmt mit der Bürgschaftsverpflichtung der Bürge schlechthin und uneingeschränkt das Risiko, daß der Schulnder bei Fälligkeit der Schuld nicht leistungsfähig ist[25]. Es liegt daher eine eindeutige vertragliche Risikozuweisung mit einem für die Bürgschaft und auch für den Schuldbeitritt typischen Risiko vor; dann aber können die Grundsätze über den Wegfall der Geschäftsgrundlage keine Anwendung finden.

3. Haftung aus gesetzlichem Schuldverhältnis

Ein vom Ansatz her anderer Weg, der auch die Parallele zu den Fällen der Haftung aus unrichtiger Auskunft im Geldanlagebereich herstellen würde, wäre die Annahme einer Haftung der Bank aus gesetzlichem Schuldverhältnis in Form der culpa in contrahendo[26]. Eine Beratung über die Zweckmäßigkeit einer Kreditaufnahme fällt zwar grundsätzlich nicht in den Pflichtenbereich

---

[25] BGHZ 107, 92, 104

[26] in dieser Richtung wohl Gröner/Köhler S.132f., Köndgen NJW 1991, 2018

des Kreditgebers, und die Ausnahmen von diesem Grundsatz wie etwa bei offenkundiger Unerfahrenheit des Darlehensnehmers dürfen nicht allzu großzügig gehandhabt werden, wenn nicht auf diesem Wege eine verkappte Inhaltskontrolle eingeführt werden soll[27]. Auf der anderen Seite geht es im vorliegenden Zusammenhang weniger um die Vertragsinhalte als um die Anbahnung des Vertrages selbst durch werbendes Verhalten, so daß ein Rückgriff auf das den Vertragsabschlußzeitpunkt betreffende Institut der culpa in contrahendo Interesse verdient[28].

Ein Rückgriff auf den "Allgemeinen Bankvertrag" ist bei den Fällen der Verschuldungsproblematik ebenso entbehrlich wie der von der Rechtsprechung angenommene "Vertrag auf sorgfältige Auskunft", weil die Annahme eines Vertrages hierbei regelmäßig auf einer Fiktion beruht und die Theorie vom gesetzlichen Schuldverhältnis, als dessen Ausprägung die culpa in contrahendo zu begreifen ist, die Besonderheiten der Rechtsbeziehungen zwischen Bank und Kunden ohne Inanspruchnahme einer solchen Fiktion zu erklären vermag[29].

Ansatzpunkt für einen Schadensersatzanspruch aus culpa in contrahendo ist in beiden bisher behandelten Fallgruppen, der Haftung aus unrichtiger Auskunft bei der Vermögensanlage und der Problematik der übermäßigen Verschuldung, die Verletzung einer Auskunftspflicht. Im Verhältnis zwischen Bank und Kunden kann diese als Konkretisierung der allgemeinen Treuepflicht angesehen werden, die ihre dogmatische Grundlage im Bestehen eines gesteigerten Vertrauensverhältnisses innerhalb der gegenseitigen Geschäftsverbindung hat[30]. Durch die Tatsache, daß im Verhältnis der Bank zum Kunden grundsätzlich Aufklärungspflichten bestehen können, ist freilich noch nichts über die Intensität der gebotenen Aufklärung gesagt; ebenso steht nicht fest, aus welchen Umständen sich im Einzelfall die Verpflichtung zu einer konkret geschuldeten Aufklärung ergibt. Intensität und Inhalte lassen sich vielmehr nur schwer allgemeingültig weiter konkretisieren[31].

Im Rahmen der Entwicklung von Kriterien für diese weitere Konkretisierung ist zunächst die Feststellung zu machen, daß die Verletzung der Aufklärungpflicht sich in den hier behandelten Fällen als ein Unterlassen darstellt. Damit ergibt sich die Aufgabe, zu begründen, warum der Aufklärungspflichtige im Einzelfall zum Tätigwerden verpflichtet sein könnte. Eine solche Verpflichtung zum Handeln im Sinne der Erfüllung der Pflicht zur Aufklärung ist

---

[27] Canaris, Bankvertragsrecht Rz.114

[28] vgl.Breidenbach S.3 mit Definition der "vertragsschlußbezogenen Informationspflichten

[29] Canaris, Bankvertragsrecht Rz.2ff.m.w.N.

[30] Canaris, Bankvertragsrecht Rz.118

[31] Canaris, Bankvertragsrecht Rz.118

der Zivilrechtsdogmatik nun von der Auslegung des §123 BGB her bekannt[32]. Im Falle der arglistigen Täuschung bedarf es nämlich ebenfalls im Einzelnen einer konkreten Prüfung, ob eine Täuschung durch ein Unterlassen vorgenommen worden sein kann. Voraussetzung für eine solche Möglichkeit ist, daß eine Offenbarungspflicht bestand und der Täuschende eine solche vorsätzlich verletzt hat. Das Bestehen einer Offenbarungspflicht im Sinne einer Verpflichtung zum Tätigwerden wird bei §123 BGB angenommen, wenn nach Treu und Glauben unter Berücksichtigung der Verkehrsanschauung redlicherweise Aufklärung erwartet werden darf[33]. Insbesondere entsteht eine Aufklärungspflicht bei Umständen, die den Vertragszweck vereiteln oder erheblich gefährden könnten und daher für den anderen Teil von ausschlaggebender Bedeutung sind[34], bei Bestehen eines engen Vertrauensverhältnisses[35] und bei einem bestimmten Vorverhalten[36].

Versucht man, die im Rahmen des §123 BGB so entwickelten Kriterien zur Konkretisierung der Aufklärungspflicht bei der culpa in contrahendo zu übertragen, so kommt als erstes das Vorliegen eines engen Vertrauensverhältnisses in Betracht. Dieses ist nun in der Tat bei der zwischen Bank und Kunde gegebenen Geschäftsbeziehung Grundlage des gesetzlichen Schuldverhältnisses, indessen führt dieser Ansatz zur Konkretisierung der Aufklärungspflicht in der überwiegenden Anzahl der hier behandelten Fälle nicht weiter, weil die Intensität der Beziehung zwischen Bank und Kunde von Fall zu Fall höchst unterschiedlich sein kann und im Zuammenhang der vorliegenden Arbeit es gerade die Fälle der Neuanknüpfung einer Geschäftsbeziehung durch Werbemaßnahmen oder der Intensivierung einer Kundenbeziehung sind, die interessieren. Immerhin bleibt festzuhalten, daß eine Aufklärungspflicht der Bank im Einzelfall daraus resultieren kann, daß die Geschäftsverbindung zum Kunden und damit das gegenseitige Vertrauensverhältnis besonders eng ist und die Bank die Vermögensverhältnisse des Kunden sowohl was seine Möglichkeiten der Vermögensanlage als auch die der Kreditaufnahme betrifft, besonders gut kennt und der Kunde deshalb eine gerade auf ihn zugeschnittene Beratung erwarten darf.

Damit kann bereits übergegangen werden zu der bei §123 BGB entwickelten Pflicht zur Aufklärung, die auch für den hier betrachteten Fall der Haftung aus culpa in contrahendo fruchtbar gemacht werden soll. Gemeint ist die Ver-

---

32 vgl.Breidenbach S.10 mit dem Hinweis, daß es im vorliegenden Zusammenhang bei der Parallelisierung von §123 BGB und c.i.c. nur um das Bestehen der Informationspflicht und nicht um den unterschiedlichen Verschuldensmaßstab geht

33 BGH NJW-RR 1991, 439, 440, BGH NJW 1989, 763, 764

34 BGH NJW 1980, 2460, 2461 BGH LM §123 Nr.45

35 BGH LM §123 Nr.52

36 BGH WM 1985, 674

pflichtung zur Offenbarung bzw. zur Auskunftserteilung wegen eines besonderen, pflichtwidrigen Vorverhaltens. Im Rahmen des §123 BGB kann hier offenbarungspflichtig werden, wer auf den Vertragspartner im Eigeninteresse einwirkt, und ihn dadurch erst zur Vornahme des jeweiligen Rechtsgeschäfts veranlaßt[37].

Da vorliegend für die Haftung aus culpa in contrahendo wie im Falle des §123 BGB Anknüpfungspunkte für die Verletzung einer Aufklärungspflicht durch Unterlassen zu suchen sind, soll versucht werden, die zu §123 BGB entwickelten Grundsätze auf die Haftung aus culpa in contrahendo zu übertragen. Zur Konkretisierung des Pflichteninhaltes der Bank innerhalb der Geschäftsverbindung zum Kunden kann dann die unabhängig von der jeweiligen Intensitität derselben eine Aufklärungspflicht auch dadurch begründbar sein, daß die Bank ein Vorverhalten an den Tag gelegt hat, in dessen Anschluß sie die Pflicht zur umfassenden Aufklärung über die für den Kunden vertragsrelevanten Umstände trifft[38]. Ein solches Vorverhalten in Form eines Einwirkens auf den Kunden, daß im Zusammenhang des §123 BGB pflichtenbegründend im Hinblick auf Offenbarung vertragsrelevanter Umstände wirkt, kann nun auch eine Werbemaßnahme im Rahmen des Direktmarketings sein. Freilich läßt sich nicht aus jedem werbenden Verhalten, das sich ja oft ganz unspezifisch an eine Vielzahl von Personen wendet, sogleich eine Pflicht zur umfassenden Aufklärung herleiten. Es müssen vielmehr besondere Umstände hinzutreten, damit eine Situation vorliegt, die den hier betrachteten Konstellationen bei §123 BGB vergleichbar ist. Insbesondere müssen diese Umstände geeignet sein, das Vorverhalten eindeutig als zumindest pflichtwidrig zu qualifizieren, damit es sich vom Normalfall eines bloßen Werbens und Anpreisens abhebt. Bei den verschiedenen Formen des Direktmarketings muß daher bei jeder Vorgehensweise gefragt werden, inwiefern bei der Art ihrer Durchführung eine Pflicht zur Aufklärung zustande kommen kann. Die Unterscheidung zwischen unzulässigem Werbeverhalten, das eine Offenbarungspflicht auslöst und einem Verhalten, das in jeder Hinsicht nicht zu beanstanden ist und demzufolge keine besonderen Offenbarungspflichten hervorruft, ist an Hand der gesetzlichen Wertung vorzunehmen. Dabei kommt der Rechtsanwendung die Vielzahl der rechtlichen Rahmenbedingungen, die das Direktmarketing regeln, zugute. Um die verschiedenen Werbemaßnahmen auf der anderen Seite gleichmäßig bewerten zu können, ist auf die in den vorangegangenen Kapiteln ermittelten Kriterien zurückzugreifen. Die Abgrenzung von Verhaltensweisen, die eine Aufklärungspflicht auslösen, und solchen, bei denen dies nicht der Fall ist, kann dann so formuliert werden: ein unzulässiges und damit eine Aufklärung bewirkendes Verhalten liegt vor, wenn durch die Werbemaß-

[37] BGH WM 1985, 674, Palandt-Heinrichs §123 Rz.5

[38] Soergel-Wiedemann Vor §275 Rz.309

nahme in die Persönlichkeitssphäre des Kunden eingegriffen wurde, ohne daß dafür eine Rechtfertigung vorlag, die regelmäßig in der Einwilligung des Kunden bestehen muß. War die Werbemaßnahme dagegen gesetzlich zulässig oder lag eine Einwilligung des Umworbenen vor, so kann sich auch bei einer intensiven Einwirkung auf den Kunden daraus keine Aufklärungspflicht ergeben, weil ein rechtmäßiges Vorverhalten insoweit nicht pflichtenbegründend wirken kann. Verletzt der Werbende jedoch die Persönlichkeitssphäre des Kunden und beeinträchtigt er auf diese Weise dessen Entschließungsfreiheit, so muß er konsequenterweise auch für eine ausreichende Aufklärung sorgen, um eine fehlerfreie Entscheidung des Kunden beim Abschluß eines Vertrages wieder herzustellen; andernfalls trifft in eine entsprechende Haftung, für einen etwa eingetretenen Schaden Ersatz zu leisten.

III. Inhalt des Schadensersatzanspruches

Knüpft man im Falle der Schädigung des Bankkunden, wie hier unter besonderer Berücksichtigung der Werbemaßnahmen des Direktmarketings vorgeschlagen, umfassend an die Haftung aus gesetzlichem Schuldverhältnis an, so fragt sich, welchen Inhalt der Schadensersatzanspruch dann haben kann. In den Fällen der fehlgeschlagenen Vermögensanlage richtet sich der Anspruch, soweit nicht ausnahmsweise tatsächlich einmal ein besonderer Auskunftsvertrag abgeschlossen worden ist, nicht auf das Erfüllungs- sondern lediglich auf das negative Interesse. Der Geschädigte kann demnach nicht den Betrag verlangen, den er als Gewinn erzielt haben könnte, wenn sich die Anlagemöglichkeit entsprechend der Voraussage in der Beratung der Bank entwikkelt hätte, wohl aber kann er vollen Ersatz des angelegten Betrages abzüglich eines etwaigen Mitverschuldensanteils (§254,I BGB) beanspruchen[39]. Schwieriger zu bestimmen ist der Schadensersatz im Falle der Aufklärungspflichtverletzung bei der Kreditaufnahme, da es sich hierbei nicht um die der culpa in contrahendo ursprünglich zugrunde liegende Verletzung von Schutz- und Erhaltungspflichten handelt, vielmehr sind unmittelbar vertragsbezogene Pflichten betroffen mit der Folge, daß sich der Kreditnehmer vorzugsweise vom Vertrag insgesamt lösen möchte[40]. Der BGH nimmt unter Zustimmung eines Teils des Schrifttums für die Fälle der Verletzung einer Aufklärungspflicht beim Vertragsschluß an, der Geschädigte könne aus §249,1 BGB im Wege der Naturalrestitution die Rückgängigmachung des Vertrages verlan-

[39] so im Grundsatz übereinstimmend BGHZ 49, 167, 174, Staudinger-Wittmann §676 Rz.19, Canaris Bankvertragsrecht Rz.86, Jauernig-Vollkommer §676 Anm.3 c, abweichend vom Standpunkt einer Vertragshaftung RGRKSteffen §676 Rz.57: geschuldet wird positives Interesse

[40] Lieb, Festschr.Rechtswiss.Fak.der Univ.Köln, S.251, 252f.

gen[41]. Diese Rechtsprechung sieht sich allerdings der Kritik in der Literatur ausgesetzt[42], die insbesondere rügt, daß der BGH dabei die Beweislast gegenüber dem Aufklärungspflichtigen hinsichtlich der Tatsache, daß der Auskunftsuchende sich auch bei zutreffender Beratung nicht anders entschieden hätte, in unzumutbarer Weise erschwere und darüber hinaus dadurch auch die Wertung des §123,I BGB eklatant unterlaufen werde, der nur bei Vorsatz eine Rückgängigmachung des Vertrages erlaube. Gerade der letzte Einwand gewinnt im vorliegenden Zusammenhang besonderes Gewicht, weil die Auskunftshaftung ersichtlich mit dem Widerrufsrecht des §1 HTWiG konkurrieren würde. Dieses aber muß als eine aktuelle, abschließend gemeinte Entscheidung des Gesetzgebers eingestuft werden, die einen Anspruch aus c.i.c. verdrängt. Gegenüber der Rechtsprechung des BGH, dessen Konstruktion einer Vertragsaufhebung als Naturalrestitution lediglich begriffsjuristische Erwägungen ins Feld führen kann, ist daher der Literaturmeinung der Vorzug zu geben. Der Schadensersatzanspruch aus culpa in contrahendo richtet sich demnach dem Regelfall entsprechend grundsätzlich auf Geldersatz[43], eine Vertragsaufhebung kann, wenn überhaupt, nur in Ausnahmefällen in Betracht zu ziehen sein. Bei Aufrechterhaltung des geschlossenen Vertrages sind Minderwerte und Verluste wegen der Unzulänglichkeiten des Vertrages durch entsprechende Geldbeträge im Einzelfall auszugleichen. Ergibt sich beim Vergleich der Situation, was der Geschädigte bei zutreffender Beratung getan hätte, daß es zu einer für ihn angemesseneren Gestaltung des Darlehens gekommen wäre, so kann der Schadensersatzanspruch zu einer Verringerung der Zins- und Tilgungsraten führen[44]. In den Fallgestaltungen, in denen der Kredit für den Kunden von vonherein völlig unangemessen und seiner Leistungsfähigkeit nicht entsprechend war, kann der Geldersatz aber auch auf Rückerlangung der gesamten Gegenleistung gerichtet sein[45].

Die hier vorgeschlagene Betrachtungsweise, die Haftung der Bank einheitlich aus dem gesetzlichen Schuldverhältnis zu begründen, hat den Vorteil, daß wie im Rahmen des Direktmarketings auf einheitliche Bewertungskriterien zurückgegriffen werden kann. Sie lenkt zudem den Blick auf den Vertragsabschlußzeitpunkt und damit auf die Frage, ob zu dieser Zeit tatsächlich ein

---

[41] BGH NJW 1985, 1771, BGH NJW 1974, 851, BGH NJW 1962, 1196, Larenz Festschr.Ballerstedt, S.397, 411, RGRK-Alff §276 Rz.111, Staudinger-Löwisch Vorbem.§§275ff. Rz.61

[42] Canaris ZGR 1982, 395, 417, Lieb, Festschr.Rechtswiss.Fak. der Univ.Köln, S.251, 263ff., Medicus Gutachten I, S.542, Münch-Komm-Kramer §123 Rz.30, vgl. auch SoergelWiedemann Vor §275 Rz.199 m.Nachw.zum Streitstand

[43] Lieb Festschr.Rechtswiss.Fak. der Univ.Köln, S.251, 266f., Canaris ZGR 1982, 395, 420, Soergel-Wiedemann Vor §275 Rz.199

[44] Medicus AcP 188(1988) , 489, 502

[45] Lieb, Festschr.Rechtswiss.Fak.d.Univ.Köln, S.251, 267, Canaris ZGR 1982, 395, 420

Ungleichgewicht der Verhandlungspartner gegeben war, so daß der Grundsatz der Vertragsfreiheit nicht zu interessengerechten Vertragsinhalten führen kann. Sie findet damit den richtigen Ansatz zur Verankerung des Verbraucherschutzes in den geschilderten Fallkonstellationen durch die Vermeidung einer vom Ergebnis her motivierten Betrachtungsweise. Das Rechtsinstitut des gesetzlichen Schuldverhältnisses ist gerade im Rahmen eines von den Grundsätzen der Privatautonomie beherrschten Systems für den Verbraucherschutz geeigneter als die Norm des §138,I BGB, weil die Geltendmachung der verletzten Aufklärungspflicht als zvilrechtlicher Anspruch in die Entscheidung des betroffenen Verbrauchers gestellt wird und nicht eine Nichtigkeit eo ipso eintritt, die dem Kunden selbst ungelegen sein kann. Schließlich ist der Anwendungsbereich der culpa in contrahendo weiter als der der Ausnahmevorschrift des §138,I BGB und sichert so dem Verbraucherschutz eine höhere Effektivität.

Literaturverzeichnis

Alt, Wilfried: Die Zusendung von Werbematerial trotz Widerspruchs des Umworbenen, in: NJW 1986, S. 1597-1598

- Recht und Praxis der Briefkastenwerbung, Frankfurt/M. 1987

- Rechtliche Probleme der Briefkastenwerbung, in: WRP 1985, S. 319,323

Ausfelder, Richard: Absatzorientiertes Telefonmarketing, in: Die Bank 2/91, S. 91-94

Bartl, Harald: Handbuch Btx-Recht, Heidelberg 1984

- Unverlangte Werbung über Bildschimtext, in: NJW 1985, S. 258-259

Bauer, Anmerkung in: GRUR 1973, S. 554

Baumbach, Adolf / *Hefermehl*, Wolfgang: Wettbewerbsrecht, 16.Aufl., München 1990

Baur, Jürgen: Investmentgesetze, Berlin 1970

Bennemann, Jürgen: Ein neues Widerrufsrecht für den Verbraucher, in: JR 1986, S. 358-364

Betsch, Oskar: Strukturwandel und Wettbewerb am Bankenmarkt, Stuttgart 1978

Bleckmann, Albert: Europarecht, 4. Aufl.,Köln, Berlin, Bonn, München 1985

Bodendorf, Tilo: Die Verteilung von Anzeigenblättern gegen den Willen der Adressaten, in: AfP 1988, S. 322-325

Breidenbach, Stephan: Die Voraussetzungen von Informationspflichten beim Vertragsschluß, München 1989

Brinkmann, Werner: Zivil- und presserechtliche Fragen bei der Nutzung von Bildschirmtext, in: ZUM 1985, S. 337-345

Bruhn, Manfred (Hrsg.): Handbuch des Marketing, München 1989

Bülow, Peter: Neue Rechtsprechung zur Telefonwerbung, in: WRP 1978, S. 774-775

Canaris, Claus-Wilhelm: Bankvertragsrecht, 2. Aufl., Berlin, New York 1981, Bd.I, 3. Aufl., Berlin, New York 1988

- Die Feststellung von Lücken im Gesetz, 2. Aufl., Berlin 1983

- Die Vertrauenshaftung im deutschen Privatrecht, München 1971

- Grundrechte und Privatrecht, in: AcP 184(1984), S. 201-246

- Leistungsstörungen beim Unternehmenskauf, in: ZGR 1982, S. 395-434

- Schranken der Privatautonomie zum Schutze des Kreditnehmers, in: ZIP 1980, S. 709-717

Dallmer, Heinz: Handbuch des Direct-Marketings, 6.Aufl., Wiesbaden 1991

Di Fabio, Udo: Richtlinienkonformität als ranghöchstes Normauslegungsprinzip? in: NJW 1990, S. 947-954

Droste, Karl: Anmerkung in: GRUR 1970, S. 524-525

Eckert, Jörn: Ratenkreditverträge und die Pfändungsfreigrenzen des §850c ZPO, in: WM 1987, S. 945-953

- Übermäßige Verschuldung bei Bürgschafts- und Kreditaufnahme, in: WM 1990, S. 85-94

Ehlers, Wolfram: Der persönlichkeitsrechtliche Schutz des Verbrauchers vor Werbung, in: WRP 1983, S. 187-194

Emmerich, Volker: Recht des unlauteren Wettbewerbs, 2. Aufl., München 1982

Epple, Manfred H.: Die Kundenbindung wird schwächer - Vertrieb von Bankprodukten, in: Die Bank 10/1991, S. 544-550

Erman, Walter: Handkommentar zum Bürgerlichen Gesetzbuch, 8. Aufl., Münster, 1989; zu Anh.§12 BGB auch 9. Aufl., Münster 1992

Esser, Josef: Schuldrecht, 2. Aufl., Karlsruhe 1960

Everling, Ulrich: Zum Vorrang des EG-Rechts vor nationalem Recht, in: DVBl 1985, S. 1201-1206

von Falckenstein, Roland: Die Bekämpfung unlauterer Geschäftspraktiken durch Verbraucherverbände, Köln 1977

Fernández-Nóvoa, Carlos: Die belästigende Werbung, in: GRUR International 1973, S. 436-440

Fikentscher, Wolfgang: Schuldrecht, 6.Aufl., Berlin, New York 1976, 8.Aufl. Berlin, New York 1992

Flume, Werner: Allgemeiner Teil des Bürgerlichen Gesetzbuches, Band II: Das Rechtsgeschäft, 3. Aufl., Berlin, Heidelberg, New York 1979

Freund, Stefan: Das Persönlichkeitsrecht des Umworbenen, München 1983

- Der persönlichkeitsrechtliche Schutz des Werbeadressaten, in: BB 1986, S. 409-415

Friauf, Karl-Heinrich (Hrsg.): Gewerbeordnung, Loseblatt, Neuwied, Stand: 1992

von Gamm, Friedrich Otto: Wettbewerbsrecht, Halbbd.1, 5.Aufl., Köln, Berlin, Bonn, München 1998

Gaul, Rudolf E.: Anmerkung in: BB 1988, S. 1144-1145

- Anmerkung in: NJW 1990, S. 184

Gernhuber, Joachim: Bürgerliches Recht, 3. Aufl., München 1991

Gilles, Peter: Das Gesetz über den Widerruf von Haustürgeschäften und ähnlichen Geschäften, in: NJW 1986, S. 1135-1147

- Das Recht des Direktmarketing, Heidelberg 1982

Gloy, Wolfgang (Hrsg.): Handbuch des Wettbewerbsrechts, München 1986

Goller, Fritz: Das neue Gesetz über den Widerruf von Haustürgeschäften und ähnlichen Geschäften, in: GewArch 1986, S. 73-75

Gröner, Helmut / *Köhler* Helmut: Verbraucherschutzrecht in der Marktwirtschaft, Tübingen 1987

Grün, Beate: Anmerkung in: NJW 1991,925-926

Hadding, Walther / *Häuser*, Franz: Die zivilrechtliche Reichweite des Verbots der Vermittlung und des Abschlusses von Darlehensverträgen im Reisegewerbe, in: WM 1984, S. 1413-1422

Harmsen, Heinz: Anmerkung in: GRUR 1976, S. 34

Hefermehl, Wolfgang: Schutz der Privatsphäre vor belästigender Werbung, in: GRUR 1980, S. 622-627

Hellner, Thorwald / *Steuer* Stephan: Banken und Verbraucher, in: WM-Festgabe für Theodor Heinsius vom 25.September 1991 (Sonderbeilage), S. 11-21

von *Hippel*, Eike: Besserer Schutz des Verbrauchers bei Haustürgeschäften? in: BB 1983, S. 2024-2025

- Verbraucherschutz, 3.Aufl., Tübingen 1986

Holschbach, Ulrich: Das Widerrufsrecht nach §11 AuslInvestmG in seiner Anlegerschutzfunktion, Köln 1972

Hopt, Klaus J.: Der Kapitalanlegerschutz im Recht der Banken, München 1975

- Die Nichtigkeit von Darlehensverträgen bei Abschluß oder Vermittlung im Reisegewerbe, in: NJW 1985, S. 1665-1670

Hubmann, Heinrich: Das Persönlichkeitsrecht, 2. Aufl., Köln, Graz 1967

Jarass, Hans D.: Voraussetzungen der innerstaatlichen Wirkung des EG-Rechts, in: NJW 1990, S. 2420-2425

Jauernig, Othmar (Hrsg.): Bürgerliches Gesetzbuch, 5. Aufl., München 1990

Klaka, Reiner: Anmerkung in: GRUR 1971, S. 321-322

Klauss, Herbert / *Ose*, Ludwig: Verbraucherkreditgeschäfte, 2. Aufl., Herne, Berlin 1988

Knauth, Klaus-Wilhelm: Das Gesetz über den Widerruf von Haustürgeschäften und ähnlichen Geschäften, in: WM 1986, S. 509-517

- Die Bedeutung des Gesetzes über den Widerruf von Haustürgeschäften und ähnlichen Geschäften für die Kreditwirtschaft, in: WM 1987, S. 517-530

Knütel, Rolf: Befreite Ehefrauen? in: ZIP 1991, S. 493-499

Kohte, Wolfhard: Die rechtfertigende Einwilligung, in: AcP 185(1985), S. 105-161

Köndgen, Johannes: Anmerkung in: NJW 1991, S. 2018-2019

Krüger-Nieland, Gerda: Persönlichkeitsschutz im Wettbewerbsrecht, in: GRUR 1974,561-562

- Schwerpunkte der wettbewerbsrechtlichen Rechtsprechung des Bundesgerichtshofes, in: WRP 1979, S. 1-6

Lachmann, Jens-Peter: Anmerkung in: GRUR 1988, S. 617-619

- Ausgewählte Probleme aus dem Recht des Bildschirmtextes, in: NJW 1984, S. 405-408

- Werbung über Bildschirmtext, in: WRP 1983, S. 591-595

Landmann / *Rohmer*: Gewerbeordnung, Loseblatt, München, Stand: 1992

Larenz, Karl: Allgemeiner Teil des Deutschen Bürgerlichen Rechts, 7. Aufl., München 1989

- Bemerkungen zur Haftung für "culpa in contrahendo", in: Beiträge zum Zivil- und Wirtschaftsrecht. Festschrift für Karl Ballerstedt zum 70.Geburtstag, Berlin 1975, S. 397-419

- Lehrbuch des Schuldrechts, Bd.I Allgemeiner Teil, 14. Aufl., München 1988, Bd.II Besonderer Teil, 12.Aufl., München 1981

- Methodenlehre der Rechtswissenschaft, 5. Aufl., Berlin 1983

Lehmann, Michael: Ist der unbestellte Vertreterbesuch gemäß §1 UWG sittenwidrig? in: GRUR 1974, S. 133-141

- Vertragsanbahnung durch Werbung, München 1981

Lieb, Manfred: Vertragsaufhebung oder Geldersatz? in: Festschrift der Rechtswissenschaftlichen Fakultät zur 600-Jahr-Feier der Universität zu Köln, Köln, Berlin, Bonn, München 1988, S. 251-270

Löwe, Walter: Schutz gegen Überrumpelung beim Vertragsschluß, in: BB 1986, S. 821-832

Magoulas, Georgios / *Schwartze*, Andreas: Das Gesetz über den Widerruf von Haustürgeschäften und ähnlichen Geschäften: Eine rechtliche und ökonomische Analyse, in: JA 1986, S. 225-238

Magoulas, Georgios / *Simon*, Jürgen (Hrsg.): Recht und Ökonomie beim Konsumentenschutz und Konsumentenkredit, Baden-Baden 1985

Maunz, Theodor / *Dürig*, Günter: Grundgesetz, Loseblatt, München, Stand:1990

Medicus, Dieter: Allgemeiner Teil des BGB, 4. Aufl.,Heidelberg 1990

- Leistungsfähigkeit und Rechtsfähigkeit, in: ZIP 1989, S. 817-824
- Schuldrecht, Bd.1,Allgemeiner Teil, 4. Aufl. München 1988, Bd. 2, Besonderer Teil, 4. Aufl., München 1990
- Verschulden bei Vertragsverhandlungen in: Gutachten und Vorschläge zur Überarbeitung des Schuldrechts, hrsg.vom Bundesmin. der Justiz, Bd.I, Köln 1981, S. 479-550

Micklitz, Hans-Wolfgang: Verbraucherschutz und Bildschirmtext, in: NJW 1982, S. 263-268

Müller-Graff, Peter-Christian: Die Geschäftsverbindung als Schutzpflichtverhältnis, in: JZ 1976,, S. 153-156

- Rechtliche Auswirkungen einer laufenden Geschäftsverbindung im amerikanischen und deutschen Recht, Karlsruhe 1974

von Münch, Ingo (Hrsg.): Grundgesetzkommentar, Bd.I, 3. Aufl., München 1985

Münchener Kommentar zum Bürgerlichen Gesetzbuch, 2. Aufl., München 1984ff.

Nordemann, Wilhelm: Wettbewerbsrecht, 6. Aufl., Baden-Baden 1989

Oehm, Frank: Das Darlehen im Reisegewerbe, Frankfurt 1985

Ose, Ludwig: Anmerkung in: BB 1987, S. 1069-1070

Paefgen, Thomas-Christian: Anmerkung in: ZIP 1989, S. 1287

Palandt: Bürgerliches Gesetzbuch, 51. Aufl., München 1992

Probandt, Wolfgang: Zivilrechtliche Probleme des Bildschirmtextes, in: UFITA 98(1984), S. 9-29

Reich, Norbert / *Wegener*, Hartmut: Verbraucherschutz und Wettbewerb, in: JuS 1974, S. 561-566

Reinicke, Dietrich / *Tiedtke*, Klaus: Zur Sittenwidrigkeit hoher Verpflichtungen vermögens- und einkommensloser oder einkommensschwacher Bürgen, in: ZIP 1989, S. 613-619

Reischauer, Friedrich / *Kleinhans*, Joachim: Kreditwesengesetz, Loseblatt, Bd.I, Berlin, Stand: 1990

RGRK: Das Bürgerliche Gesetzbuch mit besonderer Berücksichtigung der Rechtsprechung des Reichsgerichts und des Bundesgerichtshofes, Kommentar, 12. Aufl., Berlin, New York, 1974ff.

Ring, Wolf-Dieter / *Hartenstein*, Reinhard: Bildschirmtext heute, München 1983

Roth, Herbert: Geltungserhaltende Reduktion im Privatrecht, in: JZ 1989, S. 411-419

Sack, Rolf: Deliktsrechtlicher Verbraucherschutz gegen unlauteren Wettbewerb, in: NJW 1975, S. 1303-1308

Schade, Jürgen: Geschäfte an der Haustür durch unbestellte Vertreter, Köln, Berlin, Bonn, München 1978

Schanbacher, Dietmar: Zur Frage der Anwendbarkeit des Haustürwiderrufsgesetzes auf Bürgschaften, in: NJW 1991, S. 3263-3264

Scheuch, Fritz: Marketing, 3. Aufl., München 1989

Schlaus, Wilhelm: Rechtsfragen der Haustürgeschäfte unter besonderer Berücksichtigung der Kredit- und Wertpapiergeschäfte, in: ZHR 151(1987), S. 180-191

Schlechtriem, Peter: Inhalt und systematischer Standort des allgemeinen Persönlichkeitsrechts, in: DRiZ 1975, S. 65-70

Schlegelberger: Handelsgesetzbuch, Kommentar, 5. Aufl., München 1973ff.

Schmidt, Reimer: Die Obliegenheiten, Karlsruhe 1953

Schmidt, Walter: Die bedrohte Entscheidungsfreiheit, in: JZ 1974, S. 241-249

Scholz, Franz-Josef: Kreditvermittler: Aktuelle Rechtsprechung und rechtspolitischer Ausblick, in: MDR 1981, S. 361-368

Schönleiter, Ulrich: Die Änderungen des Titels III der Gewerbeordnung-Reisegewerbe- und anderer gewerberechtlicher Vorschriften, in: GewA 1984, S. 317-329

Schraepler, Hans-Joachim: Kreditauskunft-Einschränkung des Bankgeheimnisses, in: NJW 1972,1836-1840

Schricker, Gerhard: Wettbewerbsrechtliche Aspekte des Verbraucherschutzes, in: RabelsZ 40(1976), S. 535-578

Schricker, Gerhard / *Lehmann*, Michael: Werbung und unlauterer Wettbewerb, in: Handbuch des Verbraucherrechts, Loseblatt, Neuwied, 1977

Schütz, Wilhelm: Die Rechtsnatur von Bank- und Sparkassenguthaben, in: JZ 1964, S. 91-93

Schwenzer, Ingeborg: Neue Formen der Abstandnahme vom Vertrag, in: JA 1989, S. 473-477,505-509

Schwerdtner, Peter: Anmerkung in: JR 1989, S. 245-246

- Das Persönlichkeitsrecht in der deutschen Zivilrechtsordnung, Berlin 1977

Serfling, Klaus / *Marx*, Marita: Finanzplanung und Finanzdisposition als Aufgabe des Finanzmanagements mittelständischer Unternehmen, in: DB 1991, S. 105-112

Sieg, Harald / *Leifermann*, Werner / *Tettinger*, Peter: Gewerbeordnung, 5. Aufl., München 1988

Soergel: Bürgerliches Gesetzbuch mit Einführungsgesetz und Nebengesetzen, 11. Aufl., Stuttgart 1978ff., 12. Aufl., Stuttgart 1987ff.

von Staudinger, Julius: Kommentar zum Bürgerlichen Gesetzbuch, 12. Aufl., Berlin 1978ff.

Stober, Rolf: Grundsätze des Gewerberechts, in: JA 1981, S. 216-224

Stracke, Guido: Financial Services in Deutschland: Marktstrategien der Banken, in: Die Bank 11/1988, S. 590-599

Süchting, Joachim / *van Hooven*, Eckart: Handbuch des Bankmarketing, 2. Aufl., Wiesbaden 1991

Szagunn, Volkhard / *Wohlschiess*, Karl: Gesetz über das Kreditwesen, 5. Aufl., Stuttgart, Berlin, Köln 1990

Teske, Wolfgang: Das neue Gesetz über den Widerruf von Haustürgeschäften und ähnlichen Geschäften, in: ZIP 1986, S. 624-636

- Erste Zweifelsfragen bei der Anwendung des neuen Haustürwiderrufsgesetzes, in: NJW 1987, S. 1186-1187

- Neue Widerrufsrechte beim Abschluß von Versicherungs- und Verbraucherkreditverträgen, in: NJW 1991, S. 2793-2804

Thies, Sven / *Stracke*, Guido: Finanzdienstleistungen im Zeichen gesellschaftlichen Wertewandels, in: Die Bank 1/1987, S. 19-24

Ulmer, Peter: Direktvertrieb und Haustürwiderrufsgesetz, in: WRP 1986, S. 445-455

Ungerbieler, Günther: Zur Nichtigkeit von Darlehensverträgen wegen Verstoßes gegen §56,I Nr.6 GewO, in: NJW 1980, S. 568-569

Völp, Fromut: Ist der Verkauf an der Wohnungstür generell wettbewerbswidrig? in: WRP 1973, S. 63-67

Weise, Stefan: Briefkastenwerbung als Persönlichkeitsverletzung? in: GRUR 1989, S. 653-658

Wienke, Martin: Wettbewerbsrechtliche Probleme der Werbung über Bildschirmtext und Teletex, in: WRP 1986, S. 455-459

Wolf, Manfred / *Horn*, Norbert / *Lindacher*, Walter F.: Gesetz zur Regelung des Rechts der Allgemeinen Geschäftsbedingungen, 2. Aufl., München 1989

Wolff, Hans J. / *Bachof*, Otto: Verwaltungsrecht, Bd. III, 4. Aufl., München 1978

Wronka, Georg: Anmerkung in: AfP 1972, S. 440

Wüst, Günther: Präventiver und repressiver Rechtsschutz bei Anlegerwerbung und Anlagevermittlung, in: JZ 1989, S. 67-71

Zimmermann, Reinhard: Richterliches Moderationsrecht oder Totalnichtigkeit, Berlin 1979

Stichwortverzeichnis

FSC
www.fsc.org
MIX
Papier | Fördert gute Waldnutzung
FSC® C083411

Kolibri 360 GmbH
Ferdinand-Jühlke-Straße 7
99095 Erfurt, Deutschland
produktsicherheit@kolibri360.de

Druck:
CPI Druckdienstleistungen GmbH
im Auftrag der
Kolibri 360 GmbH
Ferdinand-Jühlke-Str. 7
99095 Erfurt